SCHACH-BIBLIOTHEK

Rudolf Teschner

Schach
für Fortgeschrittene

Eine Verlagsempfehlung

Das umfassende Handbuch für den Schachfreund

Schach
Das Handbuch für Anfänger und Könner

(4051) Von Theo Schuster,
360 Seiten, mit über 340 Diagrammen,
geb. mit Schutzumschlag.

Pressestimme:

,,In diesem neuen Lehrbuch gibt der bekannte Schachschriftsteller aus Stuttgart eine umfassende Einführung und Übersicht in alle Facetten des königlichen Spiels. Bei der prächtigen Ausstattung des Werks und der Fülle des Inhalts überrascht einen vorerst der im Vergleich zum Gebotenen bescheidene Preis. Aber auch ein längeres Verweilen bringt keinerlei Enttäuschung.''

(Basler Zeitung)

ISBN 3 8068 0219 X

© 1970 by Falken-Verlag GmbH, 6272 Niedernhausen/Ts.
Umschlagfoto: H. Knöbber
Diagramme: R. Teschner
Gesamtherstellung: H. G. Gachet & Co., 6070 Langen bei Ffm.

191 817 161 514

Inhaltsverzeichnis

Vorwort

Dieses Buch wendet sich an den Schachspieler, der schon eine gewisse Erfahrung besitzt, der die wichtigsten Eröffnungen und Endspiele kennt und sich auch im Gestrüpp des Mittelspiels einigermaßen zurechtfindet, kurzum: an den „Fortgeschrittenen". Es möchte beitragen, seine Partieanlage zu vertiefen und ihm helfen, gesunde, erfolgversprechende Pläne zu fassen. Vor allem will es auch seinen kombinatorischen Weitblick schärfen, denn Schach ist, wie der amerikanische Großmeister Reuben Fine einmal gesagt hat, „zu 99 % Taktik"!

Den Hauptteil des Bandes bilden 17 spannende Partien deutscher und österreichischer Meister aus alter und neuer Zeit, die gründlich kommentiert sind, so daß der Nachspielende die Absichten, Ziele und Gedanken der Kämpfer nacherleben und verstehen kann. Für viele Fälle, die im weiten Gebiet der Schachstrategie auftreten und die im allgemeinen Teil zusammengefaßt sind, finden sich Beispiele, die dem Leser einen Einblick in die Welt des Turnierschachs gewähren.

Rudolf Teschner

Allgemeines

DAS GLEICHGEWICHT

Wie spielt man gut Schach? Auf diese Frage gibt es viele Antworten. Eine davon ist: wenn es gelingt, bei fehlerfreiem Spiel des Gegners die Stellung im Gleichgewicht zu halten, das leiseste Nachlassen aber kraftvoll und folgerichtig auszunützen. Wenn beide fehlerfrei spielen, wird der Leser einwenden, muß wohl jede Partie unentschieden ausgehen? Das stimmt; der „Vorteil des Anzuges", den der Führer der weißen Steine hat, ist nicht ausschlaggebend (er hat nur indirekt eine Bedeutung: der Nachziehende muß zunächst um den Ausgleich kämpfen, steht längere Zeit unter Druck und verbraucht deswegen oft mehr Kraft und Zeit als der Weiße — diese Tatsache kann den Ausgang der Partie beeinflussen). Wie schwer es indessen ist, „fehlerfrei" zu spielen (vorausgesetzt, daß ehrlich gekämpft wird), zeigen die Partien der Wettkämpfe um die Weltmeisterschaft. Im Turnierbuch über das Match in Moskau 1954 geht der damalige Weltmeister Botwinnik mit sich selbst und seinem Gegner Smyslov hart ins Gericht. Es gibt kaum eine unter den 24 Partien, in der er nicht sich und seinem Widerpart Unterlassungssünden vorzuwerfen hat. Der Mensch ist keine Maschine, er ist Aufregungen, Stimmungsschwankungen und Unpäßlichkeiten unterworfen, die ihn daran hindern, immer in bester Form zu sein, sein Bestes zu geben. Fehler sind also unvermeidlich, sie sind „das Salz des Schachspiels", wie Tartakower einmal gesagt hat. Wichtig ist, daß man sie zu erkennen und auszunützen versteht.

Stellungen, die sich im Gleichgewicht befinden, brauchen durchaus nicht eintönig zu sein. Es ist eher die Regel, daß trotzdem Spannungen vorhanden sind: ein Spieler hat einen Vorteil, der durch einen Nachteil ausgeglichen wird. Versäumt es dann eine der Parteien, ihren Trumpf richtig auszuspielen, gerät sie auf die Verliererstraße.

Freilich ist nicht gesagt, daß eine Partie schon verloren ist, wenn der Gegner ein Plus, materieller oder positioneller Art, aufweist. Jede Stellung besitzt eine natürliche Widerstandskraft, die mitunter erstaunliche Verteidigungskunststücke ermöglicht. Unter „Remisbreite" verstand Lasker den Spielraum, innerhalb dessen der Sieg zwangsläufig noch nicht errungen werden und der Verteidiger erfolgreichen Widerstand leisten kann. Der siegenden Partei müssen ja genügend Streitkräfte verbleiben, um das Matt zu erzwingen.

Je mehr Bauern vorhanden sind, um so leichter ist das, weil ja jeder einzelne der Bauern theoretisch zur Dame werden kann. Ohne Bauern genügt im allgemeinen das Übergewicht einer leichten Figur (L oder S) nicht zum Siege, es muß schon ein Turm sein. Erst bei ernsthaften Irrtümern wird die „Remisbreite" überschritten.

ANGRIFFSPLÄNE

Schon bald nach den Eröffnungszügen ergeben sich gewisse Bauern- oder Figurengruppierungen, die von beiden Spielern ein bestimmtes Vorgehen erfordern. Die Bauernmehrheit an einem Flügel kann zu einem Bauernangriff einladen, der einen Freibauern oder einen einengenden Vorposten einbringen soll.

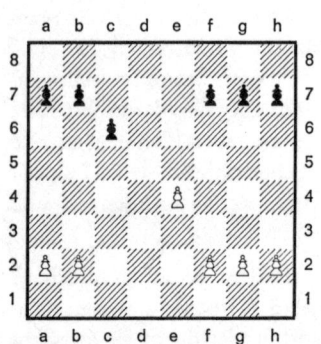

Hier bestünde der richtige Plan des Weißen darin, die Züge f2—f4, e4—e5 und f4—f5 durchzusetzen. Dieses Bauernpaar hätte dann eine sehr drohende Formation eingenommen, besonders wenn es in seinem Rükken von Figuren unterstützt wird. Der Gegner müßte immer mit f5—f6 oder e5—e6 rechnen.

Der Gegenplan des Schwarzen muß so aussehen, daß er die b- und c-Bauern vorwärtstreibt, also c6—c5—c4, b7—b5—b4 und c4—c3 zieht.

Falls Türme vorhanden sind, wäre es für beide Parteien wichtig, die offene d-Linie zu besetzen. Die Mehrheit am Damenflügel wird häufig für wertvoller erachtet als die am Königsflügel, weil im Endspiel der gegnerische König, der sich meist nach der Rochade am Königsflügel aufhält, von dem sich bildenden Freibauern weit entfernt ist und viel Zeit braucht, um ihn aufzuhalten.

Auch eine Minderheit von Bauern kann zu Angriffszwecken benützt werden; allerdings hauptsächlich dann, wenn noch schwere Figuren (Dame und Türme) vorhanden sind. Ihr Vormarsch dient dazu, Linien zu öffnen und die gegnerischen Bauern zu schwächen.

Weiß wird den b-Bauern, von einem T auf b1 unterstützt, nach b5 vortreiben, Schwarz den f-Bauern nach f4. Beide Partner haben hier „halboffene" (d. h. nur von einem gegnerischen Bauern verstellte) Linien, Weiß die c-, Schwarz die e-Linie. Für Weiß ist c5 ein Vorpostenfeld, für Schwarz e4. Ein Springer, der auf einem solchen Feld steht, übt einen lästigen Druck aus und provoziert einen schwächenden Bauernzug. Nehmen wir an, auf c1 stünde ein weißer Turm, auf c5 ein weißer

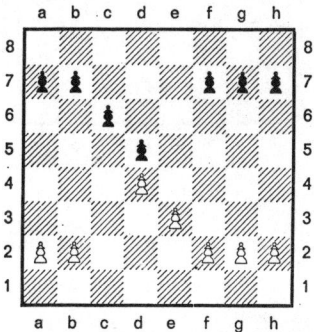

Springer. Verjagt Schwarz den Springer mit seinem b-Bauern (b7—b6), so zieht sich der weiße Springer zurück und die Wirkung des Tc1 hat sich bis c6 hin erweitert.

Eine „Angriffsmarke" bildet ein Flügelbauer, wenn er einen Schritt vorgeht.

Der Zug g7—g6, den Schwarz gemacht hat, um den Lf8 nach g7 stellen zu können, fordert den Vorstoß des weißen h-Bauern heraus, der sich auf g6 tauschen und so die h-Linie für die Türme öffnen will. Eventuell kommt auch ein weiteres, einengendes Vorgehen des h-Bauern bis h6 in Betracht. Das schwarze Gegenspiel kann zentral erfolgen (d6—d5) oder durch Druck einer schweren Figur auf der c-Linie, den der vorpreschende b-Bauer unterstützt.

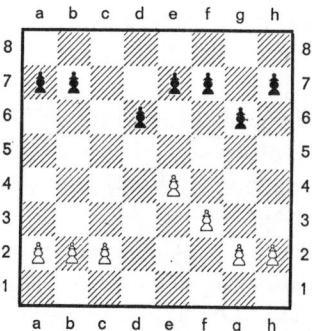

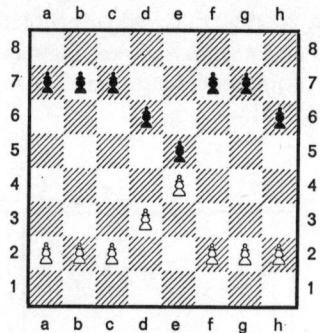

Hier wird die Angriffsmarke h6 ausgenützt, indem der g-Bauer nach g5 vorgetrieben wird mit dem Ziel, die g-Linie zu öffnen. Der Zug h7–h6 (h2–h3) wird von unerfahrenen Spielern oft in der Hoffnung gemacht, auf diese Weise Angriffen vorbeugen zu können. Dabei verlieren sie nur Zeit und schaffen obendrein eine unheilvolle Schwäche. Man sollte diesen Zug nie ohne zwingenden Grund machen!

Zu den schwierigsten Problemen gehört die Bauernkettenstrategie.

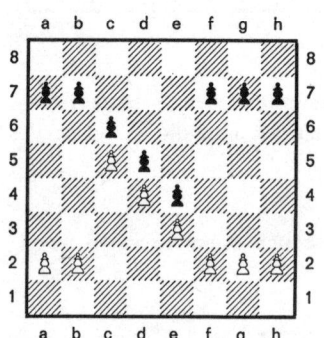

Die Spitze der weißen Bauernkette ist c5, die Basis f2. Weiß verfügt über einen Plan, der den Bc5 zum Freibauern befördert. Dazu müßte er die Züge b2–b4–b5, a2–a4–a5–a6 durchdrücken. Diese Idee ist wohl nur ausnahmsweise durchführbar, weil sie zeitraubend ist. Das natürlichere Verfahren besteht darin, den Bauern b2 nach b5 zu bringen, einen T nach b1 zu stellen, auf c6 zu tauschen und womöglich mit dem T nach b7 einzudringen. — Der Plan der schwarzen Partei sieht den Vorstoß des f-Bauern nach f4 vor, entweder gefolgt vom Abtausch auf e3 oder vom weiteren Vorrücken nach f3.

Reine Figurenangriffe sind gewöhnlich nur bei Raumvorteil, starkem Zentrum und guter Entwicklung der Streitkräfte möglich. Steht der gegnerische König unsicher, sind frühzeitige Überfälle erfolgversprechend.

Für das berühmte und abgenutzte Läuferopfer auf h7 liegt hier die ideale Konstellation vor. Man beachte die Rolle des Be5, die Zugänglichkeit des Feldes g5 für den Springer und die Einsatzbereitschaft der

12

Dame. Weiß erhält nach *1. Ld3×
h7+ Kg8×h7 2. Sf3—g5+* einen
gewaltigen Angriff, z. B. *2. ... Kh7
—g8 3. Dd1—h5 Tf8—e8 4. Dh5×
f7+ Kg8—h8 5. Df7—h5+ Kh8—g8
6. Dh5—h7+ Kg8—f8 7. Dh7—h8+
Kf8—e7 8. Dh8×g7‡*, oder *2. ...
Kh7—g6 3. Dd1—d3+ f7—f5 4. e5×
f6+* (e. p.) *Kg6×f6 5. Tf1—e1* und
es gibt keine ausreichende Verteidigung. Sehr hübsch ist die Zug-

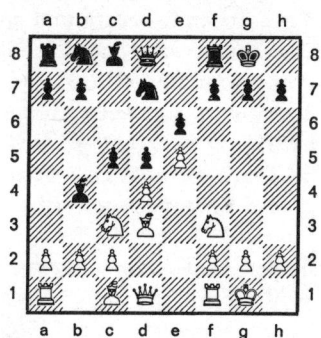

folge *5. ... Sb6 6. Se6:! Le6:
7. Lg5+! Kg5: 8. Te6:*, und wenn nun *Tf6*, so *9. Te5+ Kh6 10. Dh3+
Kg6 11. Dh5‡*, und wenn *8. ... Df6*, so *9. f4+ Kh5* (*Df4: 10. Dg6+
Kh4 11. g3+*) *10. Tf6: Tf6: 11. Dh7+ Kg4 12. Tf1 Th6 13. h3+ Kh4
14. Dg7:* nebst Matt.

Die einengende Wirkung des Be5
ermöglicht auch hier einen überfall-
artigen Angriff, obgleich Schwarz
noch nicht rochiert hat. In einer
Partie Aljechin—Rosanoff, Moskau
1908, geschah *1. Sf3—g5!* Das droht
*2. Sg5×e6 f7×e6 3. Dd1—h5+
g7—g6 4. Ld3×g6+* usw. Wenn
nun *1. ... h7—h6*, so *2. Sg5×e6
f7×e6 10. Dd1—h5+ Ke8—e7
11. Dh5—h4+*, wenn *1. ... Dd8—
e7*, so einfach *2. Ld3×h7* mit Ge-
winn⁓eines Bauern unter vorteil-

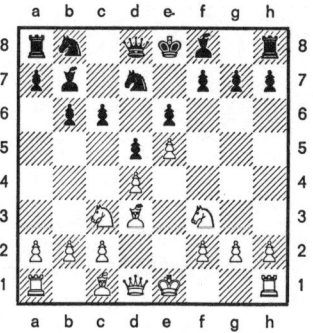

haften Umständen. Es geschah *1.
... Lf8—e7 2. Dd1—g4! Sd7—f8.* Damit hofft Schwarz sich behaupten
zu können, aber die Raumenge gestattet dem Weißen einen entscheidenden Einbruch. Verhältnismäßig am besten war *2. ... Le7×g5
3. Lc1×g5 Dd8—c7 4. Lg5—h4! g7—g6 5. Sc3—e2 c6—c5 6. c2—c3,* gefolgt von Se2—f4 mit überlegenem Spiel für Weiß. Aljechin spielte nun:
3. Sg5×h7 Th8×h7 4. Ld3×h7 Sf8×h7 5. Dg4×g7 Sh7—f8. Materiell steht es gleich (T+2B gegen 2 Figuren); aber Weiß kann mit Hilfe

seines freien h-Bauern und unter Preisgabe der Qualität eine tödliche Schwächung der dunkelfarbigen Felder im gegnerischen Lager erzwingen: 6. h2—h4! Le7×h4. Es drohte nicht nur weiteres Vorgehen des Bauern, sondern auch die Umgruppierung Th1—h3—f3. 7. Th1× h4! Dd8× h4 8. Lc1—g5 Dh4—h1+ 9. Ke1—d2 Dh1×g2 (sonst, etwa bei Dh1×a1, folgt Dg7—f6 nebst ‡) 10. Dg7—f6 Dg2×g5 11. Df6× g5 und Weiß gewann rasch.

In den beiden vorangegangenen Beispielen hat das Eingreifen des weißen Springers auf g5 Verheerungen angerichtet. Schwarz darf sich jedoch keineswegs sicher fühlen, wenn er die Annäherung des Springers und gleichzeitig den Einschlag auf h7 verhindert hat.

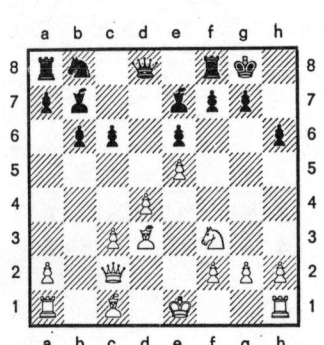

Weiß greift mit beiden Läufern, Dame, Springer und dem wichtigen Be5 an. Ein Weiterkommen wird aber erst möglich, wenn auch der Th1 noch am Kampf teilnimmt. Das geschieht (wie in einer Partie Aljechin—König, Wien 1922) mittels 1. h2—h4! Weiß droht nicht nur Th1—h3—g3, sondern außerdem 2. Sf3—g5, gefolgt von 3. Ld3—h7+und 4. Lh7—g8!, eine witzige, wenn auch bekannte Wendung. Gegen den übermächtigen Druck der weißen Macht gibt es keine Abwehr mehr.

1. ... c6—c5. (Um 2. Sf3—g5 mit c5×d4! 3. Ld3—h7+ Kg8—h8 4. Lh7— g8 d4—d3 zu widerlegen.) 2. Th1—h3. Droht 3. Lc1×h6 g7×h6 4. Th3—g3+ Kg8—h8 5. Dc2—d2. Verteidigt sich Schwarz mit 2. ... f7—f5, so kommt Weiß zu 3. e5×f6 (e. p.) Le7×f6 4. Sf3—g5! und gewinnt. Nach 2. ... Lb7×f3 3. Th3×f3 stünde Weiß übermächtig. Er droht 4. Ld3—e4 und 4. Lc1×h6.

2. ... Kg8—h8 3. Lc1×h6! f7—f5. Er kann den Läufer wegen Dc2—d2 nicht nehmen. Weiß hat eine Bresche in die Festung geschlagen, und das Verhängnis nahm wie folgt seinen Lauf: 4. e5×f6 e. p. Le7×f6 5. Lh6—g5 c5×d4 6. Sf3—e5! Sb8—c6 7. Dc2—e2! g7—g6 8. Ld3×g6 Kh8—g7 9. Lg5—h6+ und gewann.

14

Figurenangriffe brauchen nicht unbedingt Mattangriffe zu sein. Ein „Angriff" kann auch darin bestehen, einfach einen Druck auf offenen Linien oder Diagonalen auszuüben.

Für einen Bauern hat Weiß beide Läufer und Dame dynamisch zum Einsatz gebracht. Seine Türme drohen auf der b- oder d-Linie mobil zu werden. In einer Partie Elstner–Niephaus, Düsseldorf 1951, versuchte Schwarz 1. ... Sd7–c5 2. Da4–b4! (Schwarz darf natürlich wegen der Bauerngabel nach c3✕ b4 die Damen nicht tauschen.) 2. ... Td8–c8 3. Ta1–b1 Db6–c7 4. Tf1–d1 b7–b6 (nötig war 4. ... Sd3) 5. Db4–b5 Dc7–e7 6. Td1–

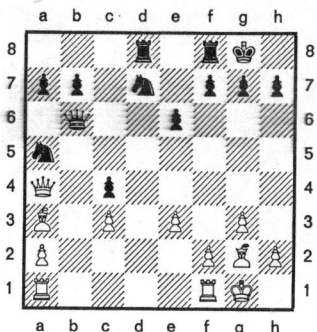

d4. Weiß hat mühelos einen maximalen Wirkungsgrad seiner Figuren erreicht. Früher oder später muß er den Bauern unter günstigen Umständen zurückbekommen (oder mehr!). Spielt Schwarz jetzt 6. ... Sa5–b7?, so kommt Weiß mit der Abwicklung 7. Lg2✕b7 De7✕b7 8. La3✕c5 Tc8✕c5 9. Db5✕c5 b6✕c5 10.Tb1✕b7 c5✕d4 11. e3✕d4 zu einem aussichtsreichen Turmendspiel.

Nach 6. ... Tc8–b8 7. Tb1–d1 drohte 8. Td4–d7! Schwarz sah sich gezwungen, den Bauern mit 7. ... a7–a6 8. Db5✕a6! Sc5✕a6 9. La3✕e7 Tf8–e8 10. Td4–d8 unter ungünstigen Umständen (Springer am Rande!) herzugeben und verlor das Endspiel.

Hier waren die offenen Linien bereits da. Häufig aber müssen sie erst geschaffen werden, damit die Figuren zur Wirkung und damit zum Angriff gebracht werden können. Dabei ist das „Wie", das vom Witz und Einfallsreichtum des Spielers abhängt, von äußerster Bedeutung. Wenn es sein muß, nimmt ein ideenreicher Meister zu diesem Zweck ohne weiteres ein Figurenopfer in Kauf, wobei er ein feines Gefühl dafür in die Waagschale wirft, ob der feindliche König aus seiner Sicherheit aufgeschreckt werden kann oder nicht.

Der Zug 1. d4–d5! (aus einer Partie Tal–Keller, Zürich 1959) dient ganz allgemein dem Zweck, Linien zu öffnen und Unruhe zu stiften.

Weiß hatte, als er sich dazu entschloß, ein Springeropfer in seine Berechnungen einbezogen. 1. ... c6×d5 (Kaum besser ist e6–e5, das den Punkt f5 schwächt.) 2. ... e4× d5 b5–b4. Dazu war keine Zeit mehr. Dringend nötig war der Entwicklungszug 2. ... Sb8–d7. Weiß hätte dann sein eingangs erwähntes Ziel erreicht und nach den weiteren Zügen 3. a4×b5 a6×b5 4. Ta1×a8+ Lb7×a8 5. Sf3–d4 Möglichkeiten auf allen Seiten des Brettes. 3. a4–a5. Ein „Zwischenzug", der einer weißen Figur eventuell das Feld b6 zugänglich machen soll. 3. ... Db6–c7. Oder 3. ... Db6–d8 4. d5×e6! Dd8×d1 5. e6×f7+

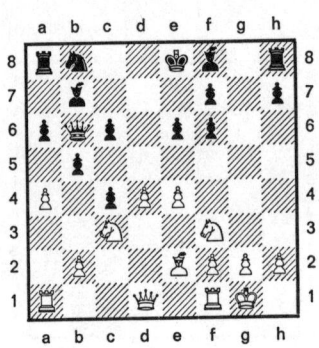

Ke8×f7 6. Le2×c4+, bzw. 4. ... f7×e6 5. Sf3–d4! b4×c3 6. Le2–h5+ Ke8–e7 7. Tf1–e1 und das Brett steht in Flammen. 4. d5×e6! Ganz im Stile Tals. Ein ruhigeres Gemüt hätte sich mit 4. Sc3–a4 begnügt, z. B. 4. ... e6×d5 5. Sa4–b6, oder 4. ... Sb8–d7 5. d5×e6 f7×e6 6. Ta1–c1 Lb7–d5 7. Le2×c4 Ld5×c4 8. b2–b3 und Weiß hat ein feines Spiel. 4. ... b4×c3 5. Sf3–d4! Weiß hat einen gewaltigen Angriff (5. ... Sc6 6. ef+ Kf7: 7. Lc4:+, oder 5. ... fe 6. Se6: Dd7 7. Lh5+ Ke7 8. Dg4). 5. ... Th8–g8 6. Dd1–a4+ Ke8–d8 7. g2–g3 Lb7–d5 8. Tf1–d1 Kd8–c8 und nun hätte 9. Da4–e8+ Kc8–b7 10. b2×c3 leicht gewonnen.

Der Nachspielende kann deutlich erkennen, welche Wirkung die Öffnung von Linien auf die Entfaltung der weißen Figurenkräfte gegen die sich immer mehr lockernde Königsbastion des Kontrahenten gehabt hat.

Grundsätzlich soll man die Figuren z e n t r a l aufstellen. Dann haben sie die Möglichkeit, je nach Bedarf jeden beliebigen Bretteil zu erreichen; sie wirken nach allen Seiten. Türme sollen auf offene Linien gebracht werden, wo sie auf der vorletzten oder letzten Reihe einzudringen drohen und ihre größte Kraft entfalten. Für die Springer ist ein Stützpunkt in der Mitte, möglichst nahe dem feindlichen Lager, wichtig.

Weiß hat eine Reihe von Vorteilen, die in ihrer Gesamtwirkung das schwarze Spiel erdrücken: a) er hat einen Entwicklungsvorsprung; b) er hat das Läuferpaar und c) verfügt er auch über die gesündere Bauernstellung; bei Bedarf kann er mit c2—c4 die Mehrheit am Damenflügel in Bewegung setzen. Die Aufgabe des Schwarzen wird außerdem durch den vereinzelten Bd5 erschwert, der zwar nicht angegriffen und doppelt gedeckt ist, dessen latente Schwäche sich aber früher oder später bemerkbar machen wird. In einer Partie Bronstein—Lemoine, München 1958, brachte Weiß die Vorteile seiner Position muster-

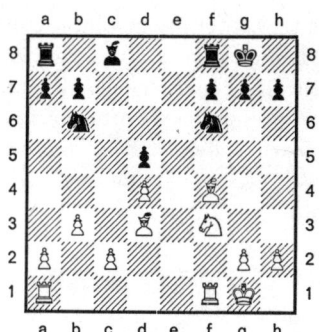

gültig zur Geltung: *1. Ta1—e1* führt die letzte untätige Figur heran. Der Turm steht jetzt zentral, auf einer offenen Linie und droht außerdem, auf e7 einzudringen. Versucht Schwarz, dieser Absicht mit *1. ...* *Lc8—e6* entgegenzutreten, so nimmt der Figurendruck nach *2. Sf3—g5 Tf8—e8 3. Lf4—e5* überhand. *1. ... Lc8—g4.* Natürlich will auch Schwarz die am Damenflügel untätigen Figuren ins Spiel bringen. *2. Te1—e7 Sb6—d7 3. Lf4—e5 b7—b6.* Nach dem Tausch auf e5 ginge der Bb7 verloren. Aber jeder Bauernzug läßt Schwächen zurück; hier sind es die Felder a6 und c6, die schutzlos werden und damit die Aktivität des weißfeldrigen Läufers von Weiß erhöhen. *4. Le5×f6 Sd7×f6 5. Sf3—e5 Lg4—e6 6. Ld3—a6! Le6—c8 7. La6—b5 a7—a6 8. Lb5—c6 Ta8—b8.* Alles scheint notdürftig gedeckt zu sein. Die wie ein Uhrwerk zusammenarbeitenden weißen Figuren ermöglichen, sehr zur Verblüffung des Verteidigers, jedoch schon eine entscheidende Kombination. *9. Se5×f7!* Gewinnt einen Bauern, weil die 8. Reihe schwach ist; auf *9. ... Tf8×f7* folgt *10. Lc6×d5!* (es kommt noch die latente Schwäche des Bd5 und die Verwundbarkeit der Schrägen d5/g8, auf der der K steht, hinzu) *10. ... Sf6×d5* (sonst ist der Tf7 nicht zu retten) *11. Te7—e8+ Tf7—f8 12. Tf1×f8∓. 9. ... Lc8—g4 10. Tf1× f6!* und Schwarz gab auf (g7×f6 11. Sf7—h6+ nebst Sh6×g4). Ein instruktives Beispiel für zielbewußte Initiative. — Weitere Angriffspläne tauchen im Partieteil auf.

STELLUNGSMERKMALE

Das Läuferpaar. Man spricht vom Besitz des Läuferpaars, wenn zwei Läufer gegen Läufer und Springer oder beide Springer kämpfen. Häufig, aber nicht immer, sind sie als Pluspunkt anzusehen. Ihre richtige Einschätzung gelingt erst aufgrund langer Erfahrungen. Es ist zu prüfen, ob sie offene Zuglinien, die möglichst durch die Brettmitte gehen sollen, haben, und wie die feindlichen Leichtfiguren stehen. Wir geben je ein Beispiel für „gute" und „schlechte" Läufer.

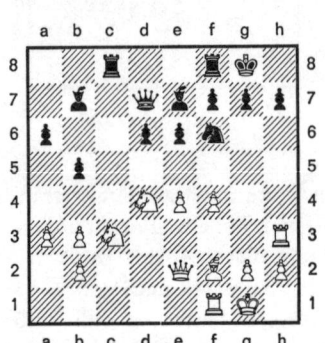

Das schwarze Läuferpaar leistet noch keine rechte „Arbeit"; deswegen gab Schwarz (in der Partie Chassin–Boleslavsky, UdSSR 1956) einen Turm für Springer und Bauer, um die dynamische Kraft der beiden Läufer richtig einsetzen zu können: 1. ... Tc8×c3! 2. b2×c3 Sf6×e4. Der zentral postierte Springer ist ein wertvolles Requisit der schwarzen Spielführung, der die Läufer ideal ergänzt. 3. Lf2–e1 f7–f5 4. Th3–d3. Weiß steht zwar materiell keineswegs schlechter, er ist lediglich positionell im Nachteil: er kann seinem Spiel keine Spitze geben und ist mehr oder weniger aufs Abwarten angewiesen. 4. ... Le7–f6 5. De2–a2 Tf8–c8 6. Kg1–h1 h7–h6 7. h2–h3 Kg8–h7. Schwarz bereitet den Vorstoß des g-Bauern vor, der sich gegen den weißen Bf4 tauschen und so den schwarzen Figuren, insbesondere dem Lf6, mehr Spielraum verschaffen soll. 8. Kh1–h2 g7–g5 9. f4×g5 Lf6×g5 10. Da2–e2 Lg5–f6 11. g2–g3 Lb7–a8. (Um eventuell Db7 spielen zu können.) 12. De2–h5 Tc8–g8 13. Le1–d2 Se4×d2 14. Td3× d2 Lf6–e5. Alles richtet sich jetzt gegen den weißen König. 15. Td2– d3 Tg8–g5 16. Dh5–e2 Dd7–g7 17. De2–e1 Dg7–g6 18. Sd4–e2. Rückzug ... 18. ... f5–f4! ... und Durchbruch! Das wuchtige Läuferpaar erzwingt den Rückgewinn der Qualität. Danach wählt Schwarz den einfachsten Gewinnweg: allgemeiner Abtausch und Einlenken in ein leicht gewonnenes Bauernendspiel. 19. Td3–f3 f4×g3+ 20. Se2× g3 La8×f3 21. Tf1×f3 Tg5×g3 22. Tf3×g3 Dg6×g3+ 23. De1×g3

Le5×g3+ 24. Kh2×g3 Kh7—g6 und gewann leicht (25. Kf4 Kf6
26. Ke4 Kg5 27. c4 bc 28. b4 Kf6 Weiß gab auf).

War es hier der Zweiläuferpartie gelungen, das Spiel zu öffnen und
damit den Läufern und zugleich sich selbst zum Erfolg zu verhelfen,
so ist ein solches Vorhaben in einer blockierten Stellung, wie der fol-
genden, von vornherein zum Scheitern verurteilt.

Es ist schwer zu sehen, wie hier die
weißen Läufer zum Einwirken auf
die gegnerische Position zu bringen
sind. Besonders der dunkelfeldrige
Läufer (c1) stößt auf eigene und
feindliche Hemmnisse. Schwarz (in
der Partie Johner—Nimzowitsch,
Dresden 1926) begann überraschend
mit 1. ... Dd8—d7! Der Sinn ist,
eine Ausdehnung des Weißen am
Königsflügel mit g2—g4 nicht ohne
weiteres zuzulassen. Der weitere
Verlauf der Partie lehrt, daß bei
solchem Stellungstyp die Springer

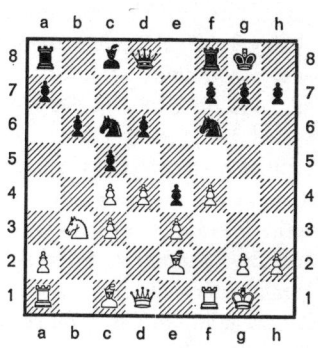

besser verwertbar sind: 2. h2—h3 Sc6—e7 3. Dd1—e1. Auf 3. Lc1—d2
ginge der Springer nach f5 und droht bis g3 zu kommen und den
wichtigen Le2, der c4 verteidigen muß, abzutauschen. 3. ... h7—h5
Hemmungsstrategie. Es gelingt Schwarz, mit einem originellen Manöver den weißen Königsflügel unter Druck zu setzen. 4. Lc1—d2. Wenn
4. De1—h4, so 4. ... Se7—f5 5. Dh4—g5 Sf6—h7 6. Dg5×h5 Sf5—g3.
4. ... Dd7—f5! Die Dame strebt eigenartigerweise nach h7. 5. Kg1—h2
Df5—h7 6. a2—a4 Se7—f5. Jetzt taucht bereits die Drohung Sf6—g4+
h3×g4 h5×g4+ Kh2—g1 g4—g3 auf. 7. g2—g3 a7—a5! Schwarz
nimmt lieber die Schwäche b6 in Kauf, die bequem zu verteidigen ist,
als a4—a5 zuzulassen. Es gelang ihm, allmählich, nach sorgfältigster
Vorbereitung, einen Durchbruch zu inszenieren und in Vorteil zu
kommen (8. Tg1 Sh6 9. Lf1 Ld7 10. Lc1 Tac8 11. d5 Kh8 12. Sd2 Tg8
13. Lg2 g5 14. Sf1 Tg7 15. Ta2 Sf5 16. Lh1 Tcg8 17. Dd1 gf! 18. ef Lc8
19. Db3 La6 20. Te2 Sh4 21. Te3 Lc8 22. Dc2 Lh3:!! 23. Le4: Lf5
24. Lf5: Sf5: 25. Te2 h4 26. T1g2 hg+ 27. Kg1 Dh3. 28. Se3 Sh4
29. Kf1 Te8! Weiß gab auf). Man wird nicht behaupten wollen, daß

in der Ausgangsstellung das Gleichgewicht bereits klar zugunsten des Schwarzen gestört war. Der Partieverlauf lehrt aber, daß Weiß jedenfalls vor einer sehr schwierigen Aufgabe stand.

Bauernschwächen, Einzelbauern. Ein Bauer, der nicht mehr von einem Bauern der eigenen Partei gedeckt werden kann, neigt zur Schwäche, auf die der Gegner seine Pläne aufbauen wird. Dabei kann es sich um „rückständige Bauern" (deren Nachbarbauern vorgerückt sind), um Einzelbauern (die keine Nachbarn mehr haben) oder um „Hängebauern" (zwei nebeneinanderstehende Bauern, die von keinen weiteren Bauern unterstützt werden können) handeln. Grundsätzlich gilt, daß die Stellung der Figuren wichtiger ist als die der Bauern. Je aggressiver unsere Figuren aufgestellt sind, um so weniger wird der Gegner unsere etwa vorhandenen Bauernschwächen ausnützen können, weil er sich vor allem um die eigene Sicherheit kümmern muß. Geht allerdings ein schwacher Bauer e r s a t z l o s verloren, kann das Schicksal der Partie entschieden sein. Die Einschätzung etwa, ob ein vereinzelter Mittelbauer stark oder schwach ist, läßt sich erst auf Grund langjähriger Erfahrungen zuverlässig vornehmen. Wir geben einige Beispiele.

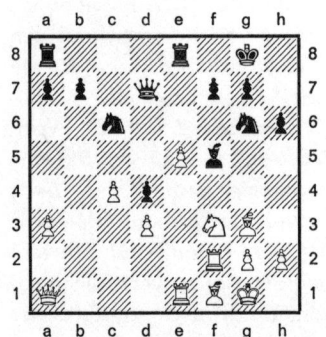

Die Schwäche des weißen Spiels ist der vereinzelte Bauer auf e5. Vorläufig ist er noch ebenso oft gedeckt wie angegriffen (jeweils dreimal). Schwarz (in der Partie Magrin—Reshevsky, Boston 1944) ging nun systematisch dem Bauern zuleibe, indem er mit 1. ... Lf5—g4! eine der Deckungsfiguren abzutauschen drohte. Noch kann 2. Tf2—e2 den Bauern halten, doch 2. ... Te8—e7 bereitet den neuerlichen Angriff Ta8—e8 vor. Deshalb 3. h2—h3 Lg4×f3 4. g2×f3, um 4. ... Ta8— e8 mit 5. f3—f4 Dd7—f5 6. Te2—e4 zu beantworten. Aber nach 4. ... Dd7—f5! geht der Bauer doch verloren und mit ihm die Partie (5. f4 Sf4: 6. Lf4: Df4: 7. Tf2 Dg5+ 8. Tg2 Dh5 9. Te4 Te5: 10. Le2 Df5 11. Lg4 Df6 12. Tf2 De7 13. Df1 Te4: 14. de Se5. Weiß gab auf).

Die Strategie des schwarzen Spiels dreht sich nur indirekt um den Einzelbauern d4, der immerhin auf seinem Platze einige Wirkung ausübt: er steht zentral und unterstützt den wichtigen Vorposten auf e5.

Sein Nachteil besteht vor allem darin, daß er nicht vorrücken kann: der Punkt d5 ist vollständig in der Hand des Schwarzen. Weiß hat zudem den Fehler gemacht, sich mit h2—h4 zu schwächen. Der einzigen Drohung, die Weiß hat, nach dem Vorbereitungszuge Te1 die D auf d3 zu stellen und eventuell Sg4 folgen zu lassen, tritt Schwarz sofort entgegen (Partie Simagin—Petrosjan, Moskau 1951): *1. ... Lb7—e4! 2. Td1—e1 Le4×b1 3. Ta1×b1 Da8—d5.* Das beugt der

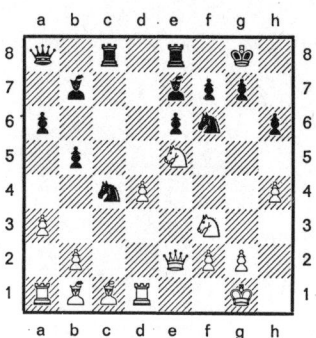

Drohung Sf7: nebst De6:+ vor. *4. g2—g4.* Weiß will angreifen, zerrüttet damit seine Stellung aber noch mehr. *4. ... Sc4×e5 5. Sf3×e5 Sf6—d7!* Nimmt dem weißen Spiel vollständig den Wind aus den Segeln. Dagegen wäre *5. ... Dd4: 6. g5 hg 7. hg Sd5 8. Sf7:* gefährlich gewesen. Weiß ist jetzt in Verlegenheit, weil d4 und h4 „hängen" und der Rückzug *6. Sf3 Db3* nebst Eindringen auf c2 zur Folge hätte. Der Druck auf der offenen c-Linie ist typisch für die Ausnützung des „Isolanis" d4.

6. De2—f3. Um Damentausch zu erzwingen, verzichtet Weiß auf den Bh4; das Endspiel erweist sich allerdings als unhaltbar. *6. ... Sd7×e5 7. Df3×d5 e6×d5 8. d4×e5 Le7×h4* und Schwarz gewann (*9. Te2 f6 10. e6 Tc6 11. Le3 T8e6: 12. Td2 Tc4 13. Td5: Tg4:+ 14. Kf1 Lg5 15. Lg5: Tg5: 16. Tg5: fg 17. Td1 Tc6 18. Td7 Kh7 19. Ta7 Kg6 20. b3 g4 21. a4 ba 22. ba h5 23. a5 Tf6 24. Kg2 h4 25. Tb7 Kh6 26. Tb6 Kh5 27. Kg1 h3 28. Tb7 g6 29. Tb4 Tf5 30. Ta4 g5 31. Ta2 Tf3.* Weiß gab auf).

Haben beide Seiten Bauernschwächen, so ist die Partie im Vorteil, deren verwundbare Punkte leichter zu stützen sind. — Was die Figurenwirkung betrifft, so leidet die schwarze Stellung an der Untätigkeit des Lg7. Die Schwäche des Bb6 hofft Schwarz durch Druck gegen d4 wettmachen zu können, zumal der Sf8 nach e6 zu gehen droht. Sehr wichtig ist der Ba4, der das Vorgehen des Bb6 nach b5 verhindert. Weiß (in der Partie Petrosjan—Dr. Lehmann, Hamburg 1960) begann

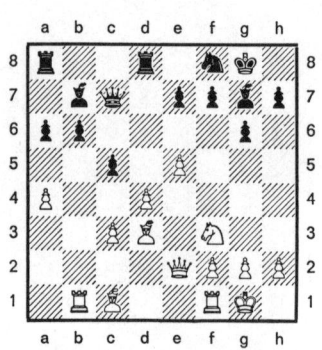

mit dem Zentralisierungszug 1. Ld3—e4!, der vor allem den Sinn hat, den Sf3 zu erhalten, der den Bd4 auf bequeme Weise deckt. 1. ... c5×d4. Infrage kam 1. ... Lc6, das den Weißen daran erinnert, daß auch der Ba4 schwach ist. Der Tausch auf d4 klärt die Lage in für den Anziehenden erwünschter Weise. 2. c3×d4 Lb7—d5 3. Le4×d5 Td8×d5 4. Lc1—e3. Angriffe gegen d4 sind jetzt zwecklos geworden und Weiß kann sich jetzt dem Angriffsziel b6 widmen. 4. ...

Dc7—b7 5. Tb1—b4 Ta8—c8 6. h2—h4! Das ist die höhere Schachstrategie: nachdem dem Schwarzen am Damenflügel die Hände gebunden sind, wird auch der Königsflügel unter Druck gesetzt. Wenn der Gegner auf beiden Flügeln angreift, bricht die Verteidigung, die weniger beweglich zu sein pflegt, am ehesten zusammen. Der Bauernzug soll die Überführung des Springers nach f4 vorbereiten.
6. ... Tc8—c6 7. Sf3—g5 f7—f5.

Es ist fraglich, ob es richtig war, sich der Chance zu f7—f6 zu begeben. 8. Sg5—h3 Sf8—e6 9. h4—h5. Die Schwäche des Punktes g6 macht sich bald zusätzlich bemerkbar. 9. ... Kg8—h8 10. h5×g6 h7×g6 11. De2—f3! Der Td5 darf nun wegen d4—d5 nicht zurückweichen. Man denke stets an den „unheimlichen" Vorwärtsdrang jedes Bauern. 11. ... Db7—d7 12. Tf1—b1 Kh8—g8 Schwarz kann die folgende Abwicklung nicht verhindern. Der Tausch des Bb6 gegen den Bd4 macht den Weg für das Eindringen von T und D frei, das sofort den Kampf beendet. 13. Tb4 ×b6 Tc6×b6 14. Tb1×b6 Se6×d4 15. Tb6—b8+ Lg7—f8 16. Le3×d4 Td5×d4 17. Df3—a8. Schwarz gab auf. Raffinierte Spielführung des Armeniers, der 1963 Weltmeister wurde.

War im vorhergehenden Beispiel der Bd4 am Vorrücken verhindert, so ist hier die Sache anders: Weiß setzt das Vorgehen seines Mittelbauern durch, indem er zunächst einen Bauern preisgibt. Der d-Bauer, den Weiß freiwillig vereinzelt hat, stellt bald den entscheidenden Trumpf der weißen Partie dar — und das ist beileibe kein Ausnahmefall!

In einer Partie Darga–Portisch, Amsterdam 1964, geschah *1. e3– e4! Sf6×e4 2. Sc3×e4 d5×e4 3. d4–d5!* Die erste Etappe. Es dauert immerhin weitere 15 Züge, bis der Bauer die nächste Hürde, das Feld d6, nehmen kann. Da es gelingt, bricht der Widerstand zusammen. *3. ... Dc6–g6 4. Tf1–e1 Lc8–f5.* Zu dem Blockadezug Ld6 ist wegen *5. Le2–h5 Dg6–f5 6. Lh5–f3!* keine Zeit. *5. Le2–h5 Dg6 –f6 6. f2–f3.* Großmeister O'Kelly schlug den schärferen Zug *6. g2–*

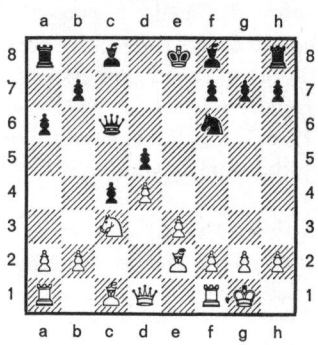

g4! vor, der den Vorteil sofort klarstellt, z. B. *6. ... Lg6 7. Lg6: hg* (Dg6: 8. Df3) *8. Te4:+ Kd7 9. Tf4 Dh4 10. Tf7:+ Ke8 11. Tf8:+ Kf8: 12. Lf4. 6. ... Lf8–c5+ 7. Kg1–h1 Df6–e5.* Schwarz will die kostbarste Figur, die Dame, zu Blockadezwecken verwenden — kein empfehlenswertes Verfahren. Nur mit *7. ... e4–e3 8. Lc1×e3 Lc5×e3 9. Te1×e3+ Ke8–f8* war die Stellung zu halten. Schwarz käme nämlich mit g7–g6 und Kf8–g7 zur strategisch wichtigen V e r b i n d u n g d e r T ü r m e.

8. f3×e4 Lf5–g6 9. Lh5–f3 0–0 10. g2–g3 b7–b5 11. Dd1–e2 f7–f6 12. Lc1–f4 De5–e8. Bei *12. ... De5–e7* hätte Schwarz schon den Verlust der Qualität zu beklagen: *13. d5–d6! Lc5×d6 14. Lf4×d6 De7× d6 15. e4–e5!* Der Vorwärtsdrang der Bauern.

13. Ta1–c1 Lc5–d4 14. b2–b3 c4×b3. Wenn c4–c3, so De2–d3, und der Bc3 wäre nicht zu halten. *15. a2×b3 Ld4–e5 16. Tc1–c6!* Der Bd5 dient als Stützpunkt für den T, der nach e6 zu gehen droht. *16. ... De8–b8 17. De2–e3.* Wieder ist die Absicht, mit dem T nach e6 zu gehen und dann auf e5 zu nehmen, um das Wiedernehmen mit dem Bauern zu erzwingen. Tauscht Schwarz auf f4, stärkt er gleichfalls die Phalanx der weißen Bauern.

17. ... Tf8–e8 18. d5–d6! Das konsequent angestrebte Ziel ist erreicht. Je näher der Bauer dem Umwandlungsfeld kommt, um

23

so stärker wird er. Auf der siebten Reihe ist er häufig schon einer Figur gleichzusetzen.

18. ... Db8–a7 19. De3×a7 Ta8×a7 20. Tc6–c7 Ta7–a8 21. Lf4×e5 f6×e5. Nimmt der Turm, so beschließt d6–d7, gefolgt von Tc7–c8, sofort die Partie. *22. d6–d7 Te8–f8 23. Lf3–g4 Ta8–d8 24. Tc7–c8 a6–a5 25. Kh1–g1!* Schwarz gab auf, weil er gegen die Drohung Te1–c1 nebst Tausch auf d8 und Tc1–c8 keine Verteidigung hat. Wenn zum Beispiel *25. ... Kf7*, so *26. Tf1+ Ke7 27. Tf8: Tf8: 28. Tf8: Kf8: 29. d8D+.* Und das Fazit: gut unterstützte Freibauern sind sehr stark, auch wenn sie vereinzelt sind!

Schwache und starke Punkte. Möglichst zu vermeiden sind schwache Felder in der Nähe des Königs. Sie bilden sich besonders häufig, wenn ein Läufer zuerst flankiert und dann abgetauscht worden ist. Der Spieler sollte immer versuchen, schwache Punkte im gegnerischen Lager zu eigenen starken Punkten auszubauen.

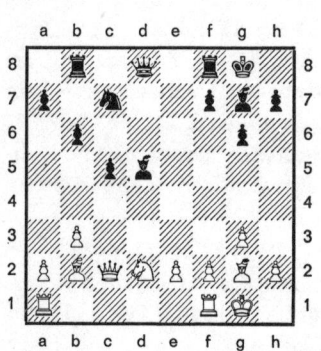

Weiß (in der Partie Botwinnik–Padevsky, Moskau 1956) erspähte die Chance, den Punkt f6 als Schwäche zu brandmarken. Es geschah *1. Lb2×g7 Kg8×g7 2. Ta1–d1* (droht eine Fesselung nach Abzug des Sd2) *2. ... Ld5×g2 3. Kg1× g2 Dd8–e7 4. Sd2–e4.* Der Springer markiert hier die geschwächten Punkte d6 und f6. *4. ... Tf8–d8 5. h2–h4.* Der h-Bauer soll dem Springer einen Stützpunkt auf g5 geben, er droht aber auch gelegentlich h4–h5 nebst Tausch auf g6 oder sogar h5–h6. *5. ... Td8×d1 6. Tf1×d1 Tf8–d8.* Schwarz bekämpft die Verdoppelung der schweren Figuren auf der d-Linie und übersieht dabei die Schwäche von f6, die der damalige Weltmeister mit einem kräftigen taktischen Manöver ausnützt. *7. Dc2–b2+ f7–f6.* Darauf hatte sich Schwarz verlassen, denn zu *7. ... Kg7–h6 8. Se4–f6!* wollte er sich nicht verstehen: der weiße Turm wäre wegen Sf6–g8+ indirekt gedeckt und es droht Sf6–g4+. *8. Se4×f6!* erstürmt den umstrittenen Punkt. Der Td1 darf wegen Sf6–d5+ nicht geschlagen wer-

den, und auch der Springer ist tabu, weil sonst der Td8 seine Deckung
verlöre. Der Rest der Partie war einfach, Weiß gewann leicht.

Schwarz sind wegen der Schwäche des Bd6 etwas die Hände gebunden,
außerdem steht auch der Sg7 nicht gut. Darauf allein läßt sich für die
weiße Partei noch kein Operationsplan aufbauen. Um die Basis zu
verbreitern, schuf Petrosjan (in der Partie mit Gufeld, Leningrad 1960)
mit 1. a5—a6! im schwarzen Lager
einen schwachen Punkt (c6), dessen Besetzung er in der Folge ziel-
bewußt anstrebte. Obgleich sich
dieser Punkt weit vom schwarzen
König entfernt befindet, sind die
Folgen seiner Besetzung sehr unangenehm, zumal Schwarz bei seinen Bemühungen, ein echtes Gegenspiel zu inszenieren, keinen Erfolg hat. Es geschah 1. ... b7×a6.
Um die b-Linie zu öffnen. b7—b6
hätte den Springer von a5 abgehalten; die weiße Spielführung wäre

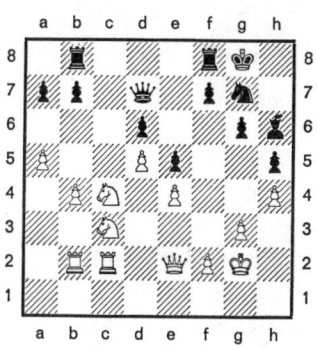

aber auch dann sehr bequem gewesen, z. B. 1. ... b6 2. Sa3 Tfc8
3. Scb5 Tc2: 4. Tc2: Se8 5. Tc6. 2. Sc4—a5 f7—f5. Die einzige Hoffnung auf Aktivität.

3. Sa5—c6 Tb8—e8 4. Sc3—b1 Kg8—h7 5. Tb2—b3 f5×e4. Ein weiteres
Vordringen des f-Bauern hätte wohl doch etwas mehr Gift enthalten,
obwohl Weiß keine unmittelbaren Drohungen zu befürchten hätte.
Schwarz erhält zwar das Feld f5 für seine Figuren, überläßt jedoch
dafür dem Weißen den unangreifbaren Posten e4, der später für einen
Springer zum idealen Standort wird.

6. De2×e4 Tf8—f5 7. Tb3—a3 Dd7—b7 8. Sb1—c3 Te8—f8 9. De4—c4
Tf5—f3 10. Ta3×a6 Lh6—e3. Ein Schlag ins Wasser. Natürlich nimmt
Weiß den Läufer nicht (wegen Sg7—f5 und Drohungen gegen e3
und g3). 11. Sc3—e4! Deckt f2, bedroht d6 und blickt nach g5.

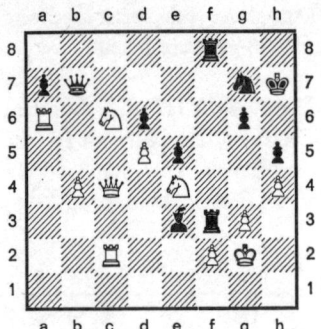

Weißfeldrige Strategie
11. ... Le3–h6 12. Ta6×a7.
Schwarz gab auf. Er müßte nach
12. ... Db7–b6. 13. Dc4–a6 in ein
Endspiel einlenken, in dem der
weiße b-Bauer einen raschen Sieg
für Weiß sichert.

Damit haben wir die wichtigsten
Grundsätze der Schachstrategie ge-
schildert. Weitere Hinweise findet
der Leser im Partienteil.

ELEMENTE DER TAKTIK

Bisher beschäftigten wir uns mit dem Gebiet, das als „Positionsspiel"
bezeichnet wird, bei dem es sich um die allgemeine Richtung des
Spiels, den Gesamtplan, drehte. Bei der Verwirklichung jedes Planes
ergeben sich Schritt für Schritt taktische Verwicklungen, die beherrscht
werden müssen. Das kleinste Straucheln kann den ganzen Entwurf,
die Arbeit von Stunden, zunichte machen; hierin liegt eigentlich die
Hauptschwierigkeit des Schachspiels. Taktische Sicherheit ist die Vor-
bedingung für den Erfolg, und dazu gehört eine ständige eiserne
Konzentration, Geistesgegenwart und Ausdauer, also die Eigenschaf-
ten, die den sportlichen Wert des Schachs ausmachen.

Kombinationen treten im Schach in unübersehbarer Menge auf, und
zwar entweder bei der Ausnützung von Fehlern oder als glänzender
Abschluß einer gutgeführten Partie. Auf eine ausführliche Behandlung
dieses Themas müssen wir verzichten; eine Reihe von Beispielen
mögen einen Einblick geben.

Entfesselungs-Kunststück
Unzicker–Flores, Moskau 1956
Weiß am Zuge

Die Meinung von Schwarz, daß Weiß jetzt ersatzlos den gefesselten
Läufer g4 zurückgeben müsse, war trügerisch, wie Unzicker, der

Münchener Großmeister, geistreich nachwies: *1. Sd4–f5!* Der Be6 wird abgelenkt, damit der Sc3 mit Tempogewinn nach d5 hüpfen und damit der Dame das Feld c3 freimachen kann. *1. ... e6×f5 2. Sc3–d5 De7–f8 3. Dg3–c3+.* Der Lg4 ist nun beweglich geworden. *3 ... Se5–c6 4. Lg4×f5 Ld7×f5 5. e4× f5.* Weiß hat einen Bauern gewonnen und die Lage klar zu seinen Gunsten gestaltet. Er gewann rasch

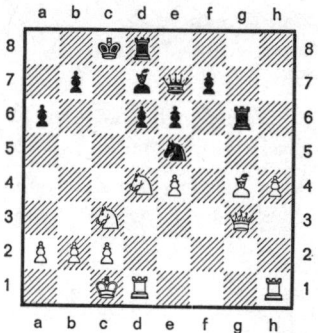

(*5. ... Tg4 6. Df6! Dg7 7. h5 Df6: 8. Sf6: Tf4 9. h6! Tf5: 10. Se4! Tf4 11. Sd6:+ Kb8 12. Sf7: Td1:+ 13. Kd1:.* Schwarz gab auf).

Die Falle
Kupper–Unzicker, Biel 1960
Weiß am Zuge

Weiß stellte mit *1. Sf4–h5* eine raffinierte Falle (objektiv besser wäre allerdings 1. Se6: gewesen mit Aussichten auf Remis). Schwarz sollte zu *1. ... Le6–c4+ 2. Kf1–g1 Td8×d1 3. Te1×d1 Lc4–e2* verführt werden. Scheinbar erobert der Doppelangriff des Läufers auf Td1 und Sh5 eine Figur. In Wirklichkeit wäre Weiß dann mit *4. e5–e6+!* in Vorteil gekommen, z. B. *4. ... Kf7×e6?* 5. Td1–e1 und nicht Schwarz, sondern Weiß gewinnt die Figur, oder *4. ... Kf7–g6* 5. Td1–d7 und Weiß ist ebenfalls im Vorteil. Völlig verfehlt wäre natürlich *4. ... Kf7–e8* wegen 5. Sh5–g7 matt! Unzicker er-

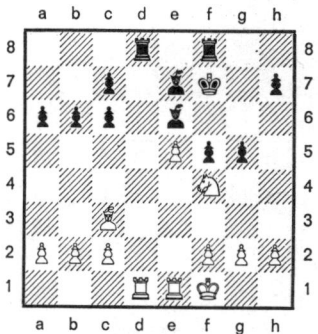

kannte die Tücke, spielte *1. ... c6–c5!* und gewann später mit dem wirkungsvollen Läuferpaar die Partie.

Der Zwischenzug
Bauer–Miron, Bled 1963
Schwarz am Zuge

Ein Zwischenzug ist eine überraschende, vom Gegner nicht vorhergesehene Einschaltung.

Schwarz sollte am Königsflügel verharren und etwa Db6 nebst a7–a5–a4 seinen Angriff fortsetzen. Er spielte 1. ... h6×g5, weil er

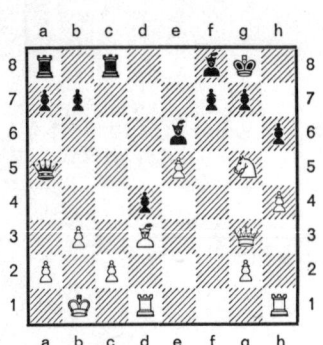

glaubte, sich nach 2. h4×g5 mit g7–g6, Lf8–g7 gegen alle Gefahren, die auf der h-Linie drohen, wappnen zu können. Er hatte aber nicht mit dem Zwischenzug 2. Ld3–h7+! gerechnet, der die geplante Verteidigung zunichte macht und ein entscheidendes Tempo, wenn auch auf Kosten des Läufers, gewinnt. Auf 1. ... Kg8×h7 2. h4×g5+ Kh7–g6 (oder Kg8 3. Dh4 f5 4. g6) 3. Dg3–h4 dringt der Angriff durch. Schwarz versuchte 1. ... Kg8–h8 2. h4×g5 g7–g6

3. Lh7×g6+ Kh8–g8, um vielleicht doch noch zu dem Deckungszuge Lg7 zu kommen. 4. Th1–h8+! durchkreuzte diese Absicht. Weiß gewinnt, denn Kh8: 5. Dh4+ ist ebenso aussichtslos wie 4. ... Kg7 5. Dh4.

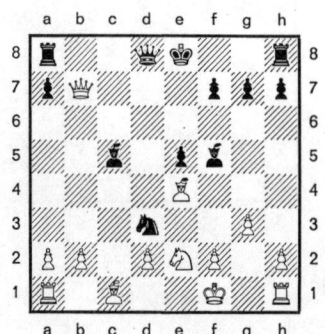

„Kreuzfesselung"
Goethals–Tuomainen, Budwa 1963
Schwarz am Zuge

Um seine Idee verwirklichen zu können, muß Schwarz zunächst die weiße Dame von der Diagonalen a8/h1 vertreiben: 1. ... Ta8–b8 2. Db7–c6+ Lf5–d7! 3. Db7–a6. Sofort verliert 3. Dd5 Lh3+ 4. Kg1 Lf2: matt bzw. 4. Lg2 Dd5:. 3. ... Ld7–h3+ 4. Le4–g2 Dd8–d5! Der Lg2 ist über Kreuz gefesselt (5. Lh3:

Dh1: matt). Weiß gab auf, weil auch 5. Tg1 Df3 nichts nützt. Ein gefälliges Schlußbild.

Fesselungen
Hollis—Wostyn, Budwa 1963
Weiß am Zuge

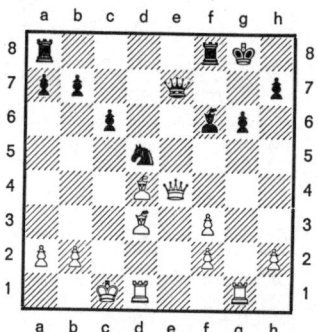

1. Ld3—c4! fesselte den Sd5. Schwarz kann jetzt weder die Dame tauschen (weil dann der Sd5) noch den Ld4 (weil die De7 verloren ginge). Er suchte dem Übel mit *1. . . . Kg8—g7?* zu begegnen, kam damit aber aus dem Regen in die Traufe (nötig war *1. . . . Ta8—d8*), wie die Antwort *2. Lc4×d5!* bewies. Eine Figur war verloren, denn der Lf6 ist gefesselt und die De7 daher ungedeckt. Wenn *2. . . . De4:*, so *3. Le4:*. Schwarz gab auf.

„Demaskierung"
Kyora—Detert, Bielefeld 1962
Schwarz am Zuge

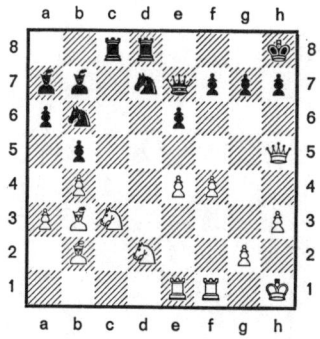

1. . . . Sd7—c5 schien dem Schwarzen eine gute Idee zu sein, denn der freigelegte Td8 droht auf d2 und anschließend noch auf b2 zu schlagen, wonach weitere Figuren hängen. Der Zug schenkt jedoch dem Weißen zwei Tempi, die ihm einen überwältigenden Angriff einbringen: *2. Sd2—f3 Sc5×b3 3. Sf3—g5 h7—h6 4. Sc3—d5!* Die schreckliche Gegendemaskierung des Lb2. Bg7 ist plötzlich gefesselt, und es droht Dh6:+ nebst Dg7: matt. Schwarz streckte die Waffen.

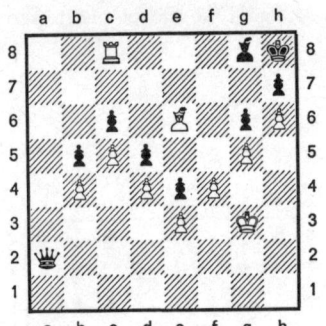

Versäumte Patt-Rettung
Rheineimer–Reidenbach,
Zweibrücken 1963
Schwarz am Zuge

Schwarz gab auf; er übersah die „goldene Pattchance" 1. ... Da2–h2+! 2. Kg3×h2 (oder 2. Kg4 Dg3+) patt! (Übrigens hätte 1. ... Da8 wegen 2. Tg8:+ Dg8: 3. Lg8: Kg8: 4. f5 usw. nicht gerettet.)

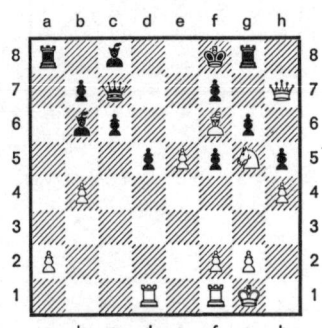

Die Bindung
Stoltz–Sundberg, Stockholm 1942
Weiß am Zuge

Die Dc7 ist wegen der Mattdrohung gezwungen, den Punkt f7 zu bewachen. Deshalb gewann 1. Lf6–d8! den Lb6. Schwarz gab auf.

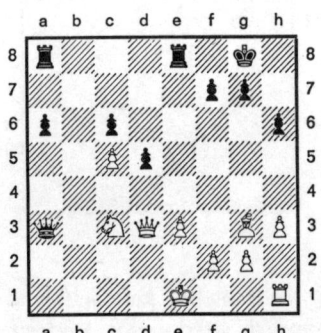

Die Lenkung Pirc–Stoltz, Prag 1931
Schwarz am Zuge

Von Da3–a1+ profitiert Schwarz wegen der einfachen Antwort Sc3–d1 nichts. Deswegen 1. ... d5–d4!, um die weiße Dame auf die Diagonale a1/d4 zu lenken. 2. Dd3×d4 (bitterer Zwang wegen des gefesselten Sc3) Da3–a1+! Weiß gab auf, weil eine Figur verloren geht (3. Sd1 Dd4:; 3. Dd1 Dc3:+ und 3. Ke2 Dh1:). Ein Geistesblitz!

Die h-Linie
Darga—Dückstein, Luzern 1963
Weiß am Zuge

Schwarz glaubte in Vorteil zu kommen, weil die weiße Dame, die vom Sd4 angegriffen ist, die Deckung des Ld5 nicht aufrechterhalten kann. Der glänzende Zug 1. Dc6—g6!! stürzte den Führer des schwarzen Heeres aus allen Wolken: die Dame ist wegen 2. Th1 matt nicht zu schlagen, aber auch auf 1. ... Td8×d5 schlägt der Angriff auf der h-Linie durch, wie 2. Tf1—h1 Kh8—g8 3. Th1×h7 (viel besser als 3. Dh7:+ Kf7 und der K entkommt) 3. ... Tf8—f7 (sonst 4. Teh1) 4. Th7—h8+! Kg8×h8 5. Dg6×f7 beweist. Schwarz wäre gegen Th1 matt machtlos. Das war „der Zug des Turniers".

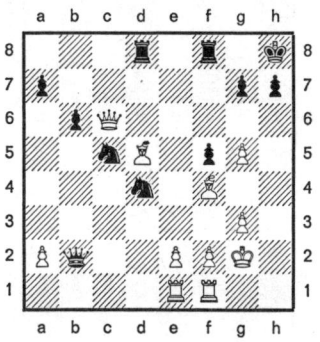

Die g-Linie
Garcia—Oktey, Budwa 1963
Weiß am Zuge

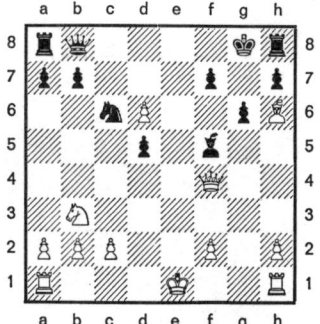

Die offene g-Linie ermöglicht den Knalleffekt 1. Df4×f5! Schwarz gab auf, weil die Dame wegen 2. Th1—g1 matt nicht geschlagen werden durfte.

Die 8. Reihe
Pawlov—Donner, Halle 1963
Schwarz am Zuge

Donner hoffte, seinem Gegner mit 1. ... Td7—b7 (besser Thd8) ein Problem stellen zu können, weil der Sb5 wegen Db2:+ nicht

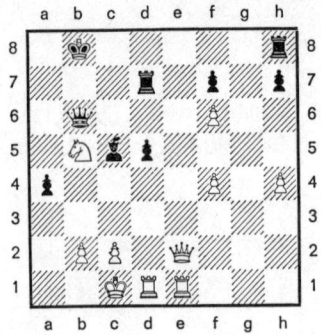

weichen darf. Da traf ihn der „Donnerschlag" 2. *De2—e8+!*, „dem selbst der ‚Donner' nicht gewachsen war", wie die Deutsche Schachzeitung launig schrieb. Er gab die Partie auf. Der am Rande eingeklemmte König! Das einzige ist noch 2. ... Dd8 3. Dd8:+ Td8: 4. Td5:! Lb6 5. Td8:+ Ld8: 6. Te8 Tb5: 7. Td8:+ Kc7 8. Tf8 mit für Weiß klar gewonnenem Turmendspiel.

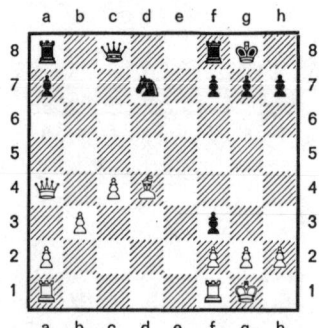

Die Doppeldrohung

Jicman—Seimeanu, Timisoari 1954
Schwarz am Zuge
Käme Schwarz zu Dg4, so drohte er undeckbares Matt (g2—g3 Dg4—h3). So erklärt sich die Kraft von *1. ... Sd7—c5!* mit der Doppeldrohung Sa4: und Dg4. Dagegen gibt es keine ausreichende Verteidigung.

Die Springergabel

Momo—McGowan, Moskau 1956
Weiß am Zuge
Mit einer hübschen Lenkungskombination eroberte Weiß den Läufer: *1. Df2—f8+!* Th8×f8 *2. Tf1×f8+ Ke8×f8.* Weiß hat die Dame geopfert und so den König in den Springerbereich gelockt. *3. Sc5×d7 +* mit Rückgewinn der Dame. Früher nannte man das ein „Schach-Gardez!" Im Turnierschach ist die Ankündigung „Gardez" bei Bedrohung der Dame längst nicht mehr üblich.

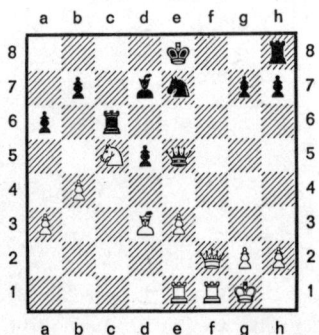

Doppelangriff
Dunkelblum—Dr. Euwe, Leipzig 1960
Schwarz am Zuge

Der Exweltmeister erspähte die Chance, zu einem Doppelangriff auf den Td7 und den weißen K zu kommen. Dabei mußte er voraussehen, daß schließlich eine Fesselung den Ausschlag geben würde: *1. ...*

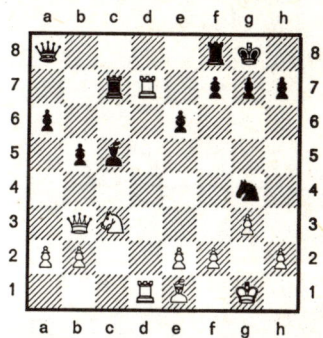

Sg4×f2! (droht nicht nur einen Springerabzug, sondern vor allem Da8—h1 matt) *2. Le1×f2 Lc5× f2+ 3. Kg1×f2 Da8—a7+*. Darauf war es abgesehen. Zwar kann sich der Td7 der zweifachen Bedrohung durch *4. Td7—d4* entziehen; er muß nach *4. ... e6—e5* doch daran glauben.

Sturm auf die Barrikaden
Tal—Letelier, Havanna 1963
Weiß am Zuge

Auf geistreiche Weise erstürmte Weiß den Punkt f7: *1. Sh4—g6!* Der S ist nicht zu nehmen, weil sonst der Th7 verloren ginge; es droht *2. Sg6×e5. 1. ... Lf8—d6 2. Lb3× f7+!* Eine Pointe ist, daß nun *2. ... Th7×f7* mit *3. Sg6—h8!* beantwortet wird. *2. ... Ke8×f7*

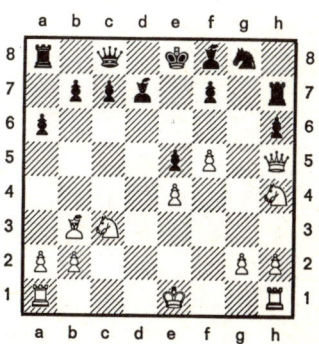

3. Sc3—d5! (droht unter anderem Sg6—e7+ mit Damengewinn) *3. ... Kf7—g7 4. 0—0* (jetzt muß Schwarz mit f5—f6+ rechnen) *4. ... Sg8—f6 5. Sd5×f6 Kg7×f6 6. Sg6×e5!* Schlag folgt auf Schlag. Wenn *6. ... Kf6×e5*, so *7. f5—f6+ Ke5—e6 8. Dh5—d5* matt. Andererseits droht Dg6+. — *6. ... Dc8—e8 7. Se5×d7+ Th7×d7 8. e4—e5+*

Ld6×e5 (oder De5: 9. Dg6+ Ke7 10. Tae1) 9. Dh5×h6+ Kf6—f7 10. Ta1—e1 Td7—d5 11. Dh6—h7+ Kf7—f6 12. Te1—e4 Le5—d4+

13. Kg1–h1! Schwarz gab auf, denn 13. ... De4: kostet wegen 14.
Dg6+ Ke7 (Ke5 15. De6 matt) 15. f6+! die Dame. Eine gewaltige
Kombinationsserie des lettischen „Schachzauberers" Tal.

Beseitigung der Deckung
Larsen–Ivkov, Halle 1964
Schwarz am Zuge

Die Drohung 1. Tc5×a5 Dd6×a3 2. Ta5×a8+ veranlaßte Schwarz
zu 1. ... Sc6–b4?, doch darauf beseitigte 2. Tc5×a5! den Deckungs-
bauern, und Schwarz war nach

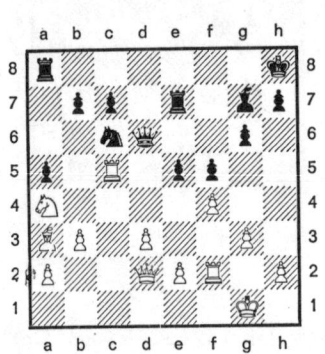

2. ... Ta8×a5 3. La3×b4 c7–c5
4. Lb4×a5 den Springer los (den
Schluß bildete eine hübsche Kreuz-
fesselung — siehe auch Diagramm
S. 28 unten — 4. ... b5 5. fe Le5:
6. Sb2 Ta7 7. Lc3 Ta2: 8. Df4!
Schwarz gab auf).
Wie hätte Schwarz sich verteidigen
sollen? Stark sieht 1. ... e5–e4
aus, womit vor allem e4–e3 droht;
doch verfügt Weiß über die Aus-
rede 2. Tc5×a5 Ta8×a5 3. La3×
d6 e4–e3 4. Dd2×a5!, die ihn ma-
teriell in Vorteil bringt. Am besten scheint 1. ... Te7–e8 zu sein, weil
jetzt der Tc5 wegen des ungedeckten La3 nicht gut abziehen kann.

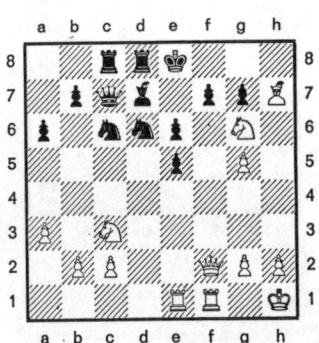

Eingeklemmte Verteidiger
Russakov–Kalinkin, Rußland 1963
Weiß am Zuge

Stoßbereite weiße Truppen, ein-
gekerkerter schwarzer König — die
Voraussetzungen für die Matt-
attacke sind erfüllt: *1. Df2×f7+!*
Das ist freilich erstaunlich. Möglich wird die Wendung dadurch,
daß die schwarzen Figuren sich ge-
genseitig behindern und dem
schwarzen K wenig Schutz gewäh-

ren. *1. ... Sd6×f7 2. Tf1×f7 Ke8×f7* (auch *2. ... Dd6 3. Tef1* führt zum Matt) *3. Te1–f1+ Kf7–e8 4. Tf1–f8* matt.

Matt in sieben Zügen
Kellner–J. Purdy, Sydney 1963
Weiß am Zuge

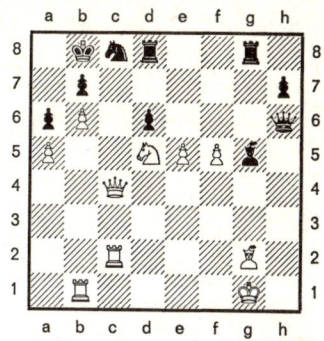

Hier versäumte Weiß die einmalige Gelegenheit zu einem prächtigen Mattfinale. Er spielte *1. f5–f6* und verlor. Dabei konnte er zwangsläufig in sieben Zügen mattsetzen: *1. Dc4–c7+ Kb8–a8 2. Dc7× b7+! Ka8×b7 3. Sd5–b4+ d6– d5! 4. Tc2–c7+ Kb7–a8* (Kb8 5. Sa6:+) *5. b6–b7+ Ka8–b8 6. Sb4×a6+ Dh6×a6 7. b7×c8D* matt! Diese Kombination stellte allerdings hohe Anforderungen an die Rechenkunst des Weißen.

Die Feldräumung
Mosionschik–Listengarten, Spartakiade 1963
Weiß am Zuge

Weiß erkannte, daß der tödliche Streich auf der Schrägen h5/e8 fallen müsse. *1. Sh5–g7+!* gab den hinderlichen Springer mit Tempogewinn preis, *1. ...Le5×g7*, damit die Dame an seine Stelle treten kann, *2. Df3–h5*. Nun droht ein Abzugsschach des Turmes mit anschließendem Matt. Schwarz versuchte *2. ... Sc6–e5*, um für den Fall von *3. Tg7:+ Kf8* das Feld f7 gedeckt zu haben und eventuell auf g6 zwischensetzen zu können. Doch nun entdeckte der Weiße ein reizendes Mattbild: *3. Tf7–f6+ Ke8–e7 4. Tf6–e6+!!* Schwarz gab auf, weil (*4. ... Ke6:*) *5. Df5* matt setzt.

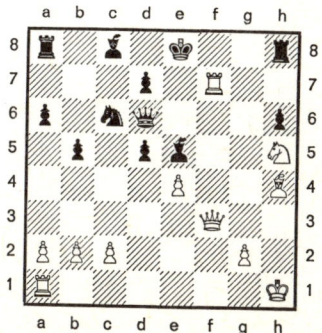

Endspielwitze
Czerniak–Zaharovsky, Tel Aviv 1963
Schwarz am Zuge

Im Minderbesitz der Qualität wies Schwarz nach, daß der Bd3 eine Figur wert ist und spielte 1. ... Lf6×e5! Nimmt Weiß wieder, so beherrscht 2. ... Lc8–g4 das Umwandlungsfeld, und der Bauer kostet den Turm. Nach einem alten Re-

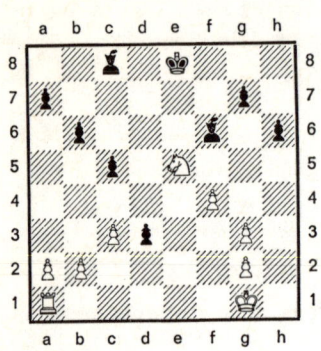

zept versuchte Weiß daher, den Freibauern „von hinten" zu stoppen (richtig war 2. Ta1–d1; auf die Dauer gewinnen dann die Läufer doch gegen den Turm): 2. Ta1–e1 d3–d2! 3. Te1×e5+. Er ahnt nichts Böses, sonst hätte er immer noch 3. Td1 versucht. 3. ... Lc8–e6!! Ein Schock für Czerniak! Er streckte die Waffen, weil der Turm wider Erwarten nicht auf die d-Linie gelangt (4. Te6:+ Kd7! usw.).

Überall stecken Geheimnisse in der Schachpartie. Man muß sie nur zu finden suchen — und darf doch darüber den soliden Aufbau nicht vergessen!

Partienteil

Bei der Auswahl unserer Partien haben wir uns auf gute Leistungen deutscher und österreichischer Spieler beschränkt. Die Sammlung ist aufschlußreich, weil sie die Entwicklung des Schachstils von Anderssen bis Unzicker widerspiegelt. Namen wie Lasker und Tarrasch kennzeichnen eine Epoche, als deutsche Schachmeister in der Welt eine große Rolle spielten. Nach dem ersten Weltkrieg übernahmen Meister aus osteuropäischen Ländern, der Kubaner Capablanca und später der Holländer Dr. Euwe die Führung; aber immer gab es deutsche Schachspieler, die mit den Spitzenkönnern Schritt halten konnten und deren Leistungen in aller Welt Bewunderung fanden. Die Partien zeigen alle Schattierungen von Angriffs- und Verteidigungsplänen.

Wir empfehlen, beim Nachspielen außer einem normalen Schachspiel ein Taschenschach zu verwenden. Auf dem Normalspiel werden die Partiezüge ausgeführt, auf dem Taschenschach können die analytischen Untersuchungen vorgenommen werden.

Adolf Anderssen (geb. in Breslau 1818, gest. 1879) war der berühmteste deutsche Meister seiner Zeit. Sein opferfreudiger, ideenreicher Stil begeisterte damals die ganze Schachwelt. Er gewann das erste internationale Schachturnier 1851 in London und hatte zahllose weitere Erfolge.

Königsgambit
Steinitz—Anderssen
London 1866, 8. Matchpartie

1.	e2—e4	e7—e5
2.	f2—f4	e5×f4
3.	Sg1—f3	g7—g5

Für Anderssen hatte der feindliche König eine magische Anziehungskraft. Er hat g5—g4 im Auge und späteres Dd8—h4+. Heute betrachtet man einen solchen Zug als Lockerung und als Zeitverlust. Die üblichen Verteidigungsmethoden beginnen mit 3. ... d5, 3. ... Le7 nebst Sf6 oder sogleich 3. ... Sf6.

4. Lf1—c4

Energischer ist 4. h4 g4 5. Se5, denn auf den von Steinitz gewählten Zug könnte sich Schwarz mit Lg7 schützen (5. h4 h6 und die Bauernkette ist gesichert — wenigstens vorläufig).

4. ...   g5—g4
5. Sf3—e5?

Nach Ansicht der Theoretiker genügt 5. 0—0 gf 6. Df3:, das „Muzio-Gambit", zu gleichem Spiel.

5. ...   Dd8—h4+
6. Ke1—f1   Sg8—h6

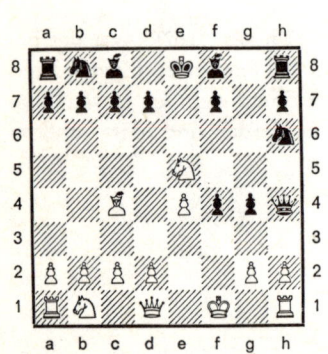

Als Widerlegung betrachtet man den Zug des Wieners Herzfeld (1885) 6. ... Sc6!, z. B. 7. Sf7: Lc5 8. De1 g3! 9. Sh8: Lf2 10. Dd1 Sf6 11. d4 d5 12. ed Lg4 13. Le2 Sd4:.

7. d2—d4   d7—d6

Später fand man, daß 7. ... f3! 8. gf d6 9. Sg4: Sg4: 10. fg Lg4: Schwarz am einfachsten in Vorteil bringt.

8. Se5—d3   f4—f3
9. g2—g3   Dh4—e7!

Bei dem naheliegenden Dh3+ 10. Ke1! käme die schwarze Dame auf Abwege.

10.	Sb1—c3	Lc8—e6
11.	d4—d5	Le6—c8

Das Manöver der letzten beiden schwarzen Züge sieht eigenartig aus, ist aber wohlbegründet. 10. ... Le6 beugte dem Springerausfall nach d5 vor. Der Bauernvorstoß d4—d5 hat nicht nur das Feld d5 blockiert, sondern auch den Lc4 behindert. Im 11. Zuge geht der Läufer nicht nach d7 zurück, weil er dort den Sb8 behindert.

12.	e4—e5	

Steinitz will das Spiel öffnen und plant ein kühnes, wie Anderssen nachweist, aber nicht genügend begründetes Springeropfer.

12.	...	d6×e5
13.	Sd3×e5	De7×e5
14.	Lc1—f4	De5—g7
15.	Sc3—b5	Lf8—d6!

Eine aktive Verteidigungsidee. Ließe sich Weiß auf 16. Ld6: cd 19. Sc7+ Kd8 20. Sa8: ein, so übernähme Schwarz mit 20. ... Sf5 den Angriff.

16.	Dd1—e1+	Ke8—d8
17.	Lf4×d6	c7×d6
18.	De1—b4	Sh6—f5!

Jetzt ist 19. Sd6: wegen Df8! 20. Sb7:+ Lb7: 21. Db7: Se3+ mit entscheidendem Angriff nicht opportun.

19.	Lc4—d3	Sb8—a6
20.	Db4—a3	Sa6—c5

Der weiße Angriff ist nun vollkommen abgeschlagen. Die stärkeren Bataillone setzten sich rasch durch.

21.	Ld3×f5	

Dabei hat Steinitz wohl kaum mit der raffinierten Antwort gerechnet.

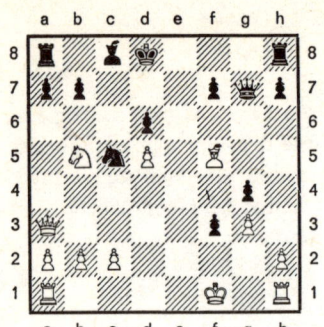

21. ...   Dg7—h6!

Mit der Doppeldrohung Dh3+ und Dd2. Plötzlich spielen die vorgerückten schwarzen Bauern ihre Kraft aus: die Stützpunkte e2 und g2 verleihen der schwarzen Dame eine unheimliche Macht.

22. Lf5—d3   Th8—e8!

Droht Dh3+ nebst Dg2 matt.

| 23. | h2—h4 | Dh6—d2 |
| 24. | Th1—g1 | Te8—e2. |

Weiß gab auf; das Matt ist nicht zu decken. Blitzschnell schaltete Anderssen von Defensive auf Offensive um.

Louis Paulsen (geb. 1833 in Nassengrund, gest. 1891) gehörte ebenfalls zu den „Sternen" der Schachwelt, wie die ersten Preise zeigen, die er in Bristol 1861, Hamburg 1867 und Leipzig 1877 (vor Anderssen, Winawer und Zukertort) gewann. Die von ihm gefundene Variante der Sizilianischen Verteidigung trägt seinen Namen und ist heute so beliebt wie kaum je zuvor.

Dreispringerspiel
Paulsen—Morphy
New York 1857

1.	e2—e4	e7—e5
2.	Sg1—f3	Sb8—c6
3.	Sb1—c3	Lf8—c5

„Normal" ist 3. ... Sf6, denn Paulsen hätte jetzt das günstige Scheinopfer 4. Se5: Se5: 5. d4 bringen können.

4. Lf1—b5

Das Spiel geht so in „spanische" Bahnen über.

4.	...	d7—d6
5.	d2—d4	e5×d4
6.	Sf3×d4	Lc8—d7
7.	Sd4×c6	b7×c6
8.	Lb5—a4	Dd8—h4

Einen solchen Angriffszug läßt ein Angriffsspieler selten aus. Er kann aber auch, wie hier, verfrüht sein.

9.	0—0	Sg8—f6
10.	Dd1—f3	Sf6—g4
11.	Lc1—f4	Sg4—e5
12.	Df3—g3	Dh4—f6

Das Endspiel nach dem Damentausch sagt dem genialen Amerikaner nicht zu; der Rückzug kostet jedoch wertvolle Zeit (siehe Diagramm).

13. Ta1—d1!

Verhindert die kurze Rochade wegen 14. Le5: und der Ld7 ist ungedeckt!

13. ... h7—h6

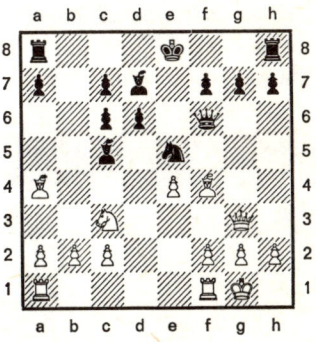

Nach dem 12. Zuge

Schwarz will g7—g5 spielen und den Lf4 zur Erklärung zwingen. Paulsen findet eine überraschende Kombination, mit der er seinen Entwicklungs- und Raumvorteil in greifbare Werte umsetzt.

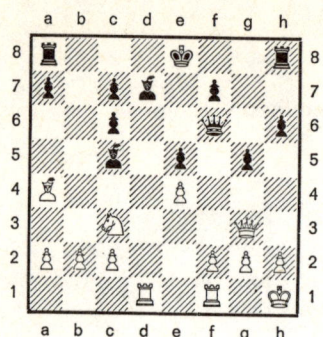

Nach dem 15. Zuge

14.	Kg1–h1	g7–g5
15.	Lf4×e5	d6×e5
	(siehe Diagramm)	
16.	b2–b4!	

Paulsen hatte die präzise Zugfolge 16. ... Lb4: 17. Td7:! Kd7: 18. Sd5 Dd6 19. Dh3+ Kd8 20. Sb4: Db4: 21. Lc6: mit Doppeldrohung auf d7 und a8 berechnet (wenn 17. ... Lc3:, so 18. Tc7:). Auch Morphy erkannte das Risiko und spielte

| 16. | ... | Lc5–d6 |

Damit hofft er, die schwarze Bastion zu festigen. Sie läßt sich allerdings kaum ausbauen, während Paulsen nach einem klar umrissenen Plan vorgehen kann: Druck auf der d-Linie, nach geeigneter Vorbereitung Vorstoß des c-Bauern bis c5.

| 17. | Td1–d3 | h6–h5 |

Der Angriffsversuch bietet kaum Chancen, weil die weiße Königsstellung keine Schwächen aufweist: keiner der Bauern bietet eine Marke zur Linienöffnung.

18.	Tf1–d1	a7–a6
19.	Sc3–e2	Ta8–d8
20.	a2–a3	g5–g4
21.	c2–c4	

Es läuft alles wie am Schnürchen.

21.	...	Df6–h6
22.	c4–c5	h5–h4
23.	Dg3–e3	Ld6–e7

Schwarz darf die Damen nicht tauschen, weil der Punkt c6 geschützt bleiben muß (23. ... De3: 24. fe Le7 25. Td7: Td7: 26. Lc6:).

	24.	f2—f4	e5×f4

Zäheren Widerstand versprach 24. ... gf e. p. 25. Df3: Tg8.

	25.	De3×f4	Dh6×f4

Erzwungen, weil Dc7: drohte.

	26.	Se2×f4	Th8—h6
	27.	Sf4—e2	f7—f5

Auf 27. ... Lc8 bricht Weiß durch das Manöver 28. Sd4 Ld7 29. e5 nebst e5—e6 und Lc6: ein.

28. e4—e5   Th6—e6
29. Se2—f4   Te6×e5
30. Td3×d7!

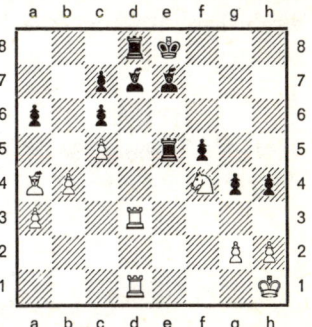

So hat Weiß seine Hauptidee also doch durchgesetzt.

30. ...   Td8×d7
31. La4×c6   Le7—d6
32. c5×d6   c7×d6
33. Kh1—g1   Ke8—d8
34. Lc6×d7.

Schwarz gab auf. Die Partie dauerte 11 Stunden; es gab damals keine Einschränkung der Bedenkzeit. Heute hätte sie höchstens knapp fünf Stunden in Anspruch nehmen dürfen.

Wilhelm Steinitz (geb. 1836 in Prag, gest. 1900) gilt als der Begründer des modernen Positionsspiels, das sich nach den Stärken und Schwächen, den Gegebenheiten der Stellung richtet und den hohen Wert der Bauern betont. Beherzigenswert ist sein Rat für den

Verteidiger, vor allem die schwachen Punkte zu stärken und keine neuen Schwächen zu schaffen (Gefahr der Bauernzüge). Demjenigen, der im Vorteil war, sagte er „Greife an, sonst gehst du deines Vorteils verlustig!" Steinitz war der erste Weltmeister der Schachgeschichte (seit seinem Sieg über Zukertort 1886).

Spanisch
Steinitz—Tschigorin
Match Havanna 1892

1.	e2—e4	e7—e5
2.	Sg1—f3	Sb8—c6
3.	Lf1—b5	Sg8—f6
4.	d2—d3	

Heute gilt die Rochade als bestes. Steinitz liebte es, die Rochade aufzuschieben, damit er freie Hand für einen Angriff am Königsflügel behielt.

4.	...	d7—d6

Es drohte, nachdem Be4 verankert war, Lc6: nebst Se5: mit Gewinn des e-Bauern.

5.	c2—c3	g7—g6
6.	Sb1—d2	Lf8—g7
7.	Sd2—f1	

Die Wanderung des Springers nach e3 ist typisch für die Spanische Partie.

7.	...	0—0
8.	Lb5—a4	

Er will den Läufer auf günstigere Felder bringen. Bei 8. Lc4 Sa5 würde er abgetauscht werden.

8.	...	Sf6—d7

Schwarz sollte den sehr ruhigen Aufbau des Weißen benutzen, mit d6—d5 die Führung zu übernehmen.

9.	Sf1—e3	Sd7—c5
10.	La4—c2	Sc5—e6

Die Konstellation erinnert an das Schema von der „Angriffsmarke" auf Seite 11. Steinitz gibt ein Musterbeispiel für die Ausnützung der Angriffsmarke g6.

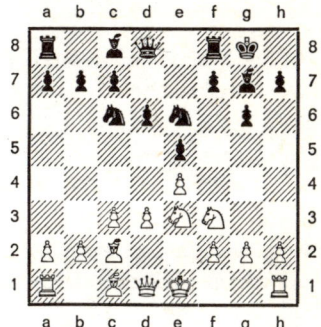

11.	h2—h4!	Sc6—e7

Stärkeren Widerstand hätte wohl, trotz Schwächung der K-Stellung, 11. . . . h5 geleistet.

12.	h4—h5	d6—d5

Ein bewährter strategischer Grundsatz lautet: suche Gegenspiel in der Mitte, wenn der Gegner am Flügel angreift. Die weiße Mitte ist hier freilich außerordentlich fest.

13.	h5×g6	f7×g6

In ähnlichen Stellungen ist meistens h7×g6 vorzuziehen, weil dabei der K auf der Diagonalen a2/g8 gesichert bliebe.

14.	e4×d5	Se7×d5
15.	Se3×d5	Dd8×d5
16.	Lc2—b3!	

Der Angriffsläufer taucht aus der Versenkung hervor und leitet das entscheidende Zusammenspiel der weißen Figuren ein, das zu einem sehr geschmackvollen Schluß führt.

45

16.	...	Dd5—c6
17.	Dd1—e2	Lc8—d7
18.	Lc1—e3!	

Erst wird die Entwicklung vervollständigt, bevor der Schlußstreich fällt. So wäre 18. Se5: wegen Dg2: unklar.

18.	...	Kg8—h8

Auf der h-Linie lauert der Tod! Mehr Sicherheit versprach das Manöver Tf7 nebst Lh8.

19.	0—0—0	Ta8—e8
20.	De2—f1!	

Nicht nur, um dem Visavis des Te8 auszuweichen, sondern mit einem versteckten Blick auf die h-Linie — ein sehr feiner Zug!

20.	...	a7—a5

Der Versuch, den Läufer abzudrängen, kommt zu spät.

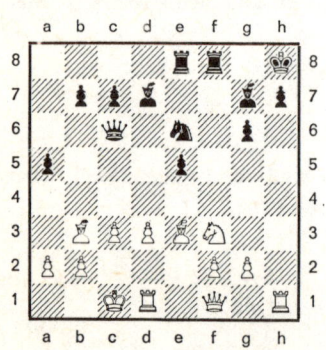

21. d3—d4!

Die Aufrollung geht von der Mitte aus.

21.	...	e5×d4
22.	Sf3×d4.	

Nun darf der schwarze Springer wegen Th7:+ Kh7: Dh1+ nicht nehmen, andererseits hat die Dame kein gutes Feld.

22.	...	Lg7×d4

Der Abtausch des Schutzläufers läßt allerdings ebenfalls Unheil ahnen.

46

23.	Td1×d4!	Se6×d4

Steinitz kündigte ein Matt in sieben (!) Zügen an:

24.	Th1×h7:+!	Kh8×h7
25.	Df1—h1+	Kh7—g7
26.	Le3—h6+	Kg7—f6
27.	Dh1—h4+	Kf6—e5
28.	Dh4×d4+	Ke5—f5
29.	g2—g4 matt (Schwarz konnte das Matt

einen Zug aufschieben, indem er 25. . . . Lh3 einschaltete).

Gustav Richard Neumann (geb. 1838 in Gleiwitz, gest. 1881) gab 1864 zusammen mit A. Anderssen die „Neue Berliner Schachzeitung" heraus, bis ihn 1868 Zukertort ablöste. Sein herausragender Erfolg war der Sieg in Dundee 1867 vor Steinitz, Blackburne, de Vere und Macdonnell. In kleinen Wettkämpfen erwies er sich Winawer, Golmayo und Rosenthal überlegen. Sein schachliches Auftreten beschränkte sich auf wenige Jahre. Eine Krankheit zwang ihn zu plötzlichem Abtreten von der Turnierarena.

Abgelehntes Königsgambit
Neumann—Dufresne

1.	e2—e4	e7—e5
2.	f2—f4	Lf8—c5

Kein schlechter Zug, aber ein zahmer. Heute nimmt man das Gambit an (e5×f4), oder erwidert mit dem scharfen Gegengambit Falkbeers (2. . . . d7—d5).

3.	Sg1—f3	d7—d6
4.	Lf1—c4	Sg8—f6
5.	d2—d3	Sb8—c6
6.	Sb1—c3	Sf6—g4?

Als bestes gilt 6. ... a6, damit der Lc5 im Falle von Sa4 das Rück-
zugsfeld a7 hat; gleichzeitig ist Lb5 verhindert. Der Springerzug ist
zwar verlockend, bringt aber nichts
ein und kostet nur Zeit. „Ziehe
keine Figur zweimal, bevor nicht
alle im Spiel sind", ist eine be-
herzigenswerte Regel, die fast immer zutrifft.

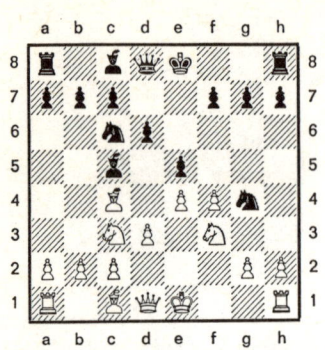

7. Dd1—e2   Lc5—f2+
8. Ke1—f1   Lf2—b6

Es drohte h2—h3. Daß Weiß die
Rochade verloren hat, ist bei sonst
guter Entwicklung und geschlosse-
ner Stellung ohne große Bedeutung.

9. h2—h3   Sg4—f6

Nicht etwa 9. ... Sf2 10. Th2, und der Sf2 hat keinen Rückzug.

10. f4—f5!

Schwarz steht nun ziemlich eingeengt und hat g2—g4—g5 zu fürchten.
Am besten hätte er Gegenspiel in der Mitte gesucht, z. B. 10. ... Sd4
11. Sd4: ed 12. Sd5 Sd5: 13. Ld5: c6 nebst eventuell d6—d5.

10. ...   h7—h5

Verhindert g2—g4, nimmt aber eine Schwächung (besonders des Feldes
g5) und weiteren Zeitverlust in Kauf.

11. Lc1—g5!

Käme Weiß noch zu Sd5, wäre Schwarz an Händen und Füßen gebunden.

48

11.	...	Sc6—e7
12.	Ta1—d1	c7—c5

Vorteil: verhindert d3—d4 — Nachteil: sperrt den Lb6 aus. Allerdings
war guter Rat teuer.

13.	Kf1—f2	a7—a6
	(siehe Diagramm)	
14.	g2—g4	

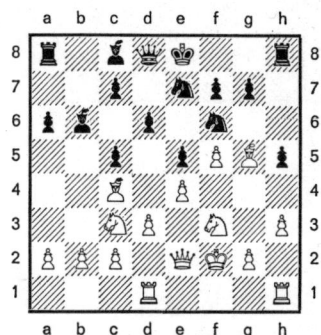

Nach dem 13. Zuge

Weiß steckt einen Bauern ins Ge-
schäft, damit seine Figuren, besonders die Türme, zu voller Wirksam-
keit gelangen. Die schlechte Zu-
sammenarbeit der schwarzen Steine
läßt dieses Verfahren sehr aussichtsreich erscheinen.

14.	...	Lc8—d7

Er sträubt sich, auf die Absichten des Gegners einzugehen.

15.	Lg5—h4!	

Die Drohung g4—g5 läßt Schwarz keine Wahl mehr.

15.	...	h5×g4
16.	h3×g4	Sf6×g4+
17.	Kf2—g3	Sg4—h6
18.	Lh4—g5!	

Mit der gefährlichen Absicht f5—f6

18.	...	f7—f6

Fast unvermeidlich. Die Entblößung der Diagonalen e8/h5 ermöglicht
dem Weißen freilich die hübsche Schlußwendung.

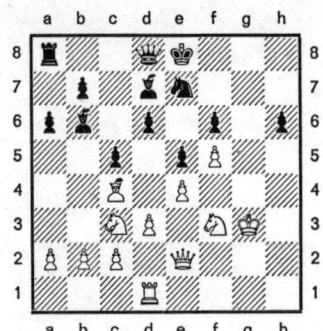

19.	Lg5×h6	Th8×h6
20.	Th1×h6	g7×h6
21.	Sf3×e5!	

Droht Dh5+ mit baldigem Matt. Das kann nur noch mit verzweifelten Gegenmaßnahmen aufgeschoben werden.

21.	...	Se7×f5+
22.	e4×f5	d6×e5
23.	De2—h5+	Ke8—e7

24.	Dh5—f7+	Ke7—d6
25.	Sc3—e4+	Kd6—c7
26.	Se4×f6.	

Schwarz gab auf. Vor allem droht 27. Le6, und die ganze Lage ist trostlos (26. ... Kc8? 27. Sd7: Dd7: 28. Le6).

Paul Rudolf von Bilguer (geb. 1815 in Ludwigslust, gest. 1840) war nur eine kurze Lebensspanne beschieden. Im Jahre 1839 verfaßte er eine Monographie über das „Zweispringerspiel im Nachzuge", später „Preußische Partie" genannt (1. e2—e4 e7—e5 2. Sg1—f3 Sb8—c6 3. Lf1—c4 Sg8—f6), die den Ausgangspunkt für das berühmte Handbuch, eine Darstellung der Geschichte, der Spielregeln, des Endspiels und einer tabellarischen Untersuchung aller Eröffnungen mit Partiebeispielen bildete. Das Hauptverdienst am Zustandekommen der „Schachbibel", die bis heute, von den aktuellen Spielweisen natürlich abgesehen, ihre Brauchbarkeit erwiesen hat, ist Bilguers Freund von der Lasa zuzuschreiben.

Schottisches Gambit
von Bilguer—Schorn
Berlin 1839

1.	e2—e4	e7—e5
2.	Sg1—f3	Sb8—c6

3.	d2–d4	e5×d4
4.	Lf1–c4	

Bei 4. Sd4: Sf6 (Schottische Partie) hat Schwarz ziemlich bequemen Ausgleich.

4.	...	Lf8–b4+

Das behauptet zwar den Bauern, kommt jedoch den Absichten des Weißen, sich möglichst geschwind zu entwickeln, sehr entgegen. Angezeigt sind Züge wie 4. ... Lc5 oder 4. ... Sf6.

5.	c2–c3!	d4×c3
6.	0–0	c3×b2
7.	Lc1×b2	

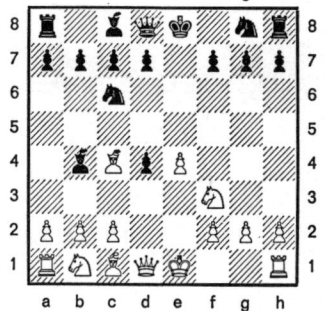

Droht bereits Lg7:. Weiß ist blendend entwickelt. In solchen Stellungen fühlte sich Bilguer (und nicht nur er!) besonders wohl.

7.	...	Lb4–f8

Eine Empfehlung Hansteins. Andere Züge, wie f7–f6 oder Ke8–f8, machen ebenfalls keinen guten Eindruck. Man muß folgern, daß Schwarz sich schon mit dem Läuferschach im 4. Zuge auf die schiefe Ebene begeben hat (am besten geschieht noch 7. ... Sf6, und wenn 8. e5, so 8. ... d5).

8.	Dd1–d5	Sg8–h6
9.	Sf3–g5	

Weiß schlägt eine äußerst scharfe Gangart an.

9.	...	Dd8–e7
10.	Sb1–c3	d7–d6
11.	Sc3–b5	Sc6–e5 (?)

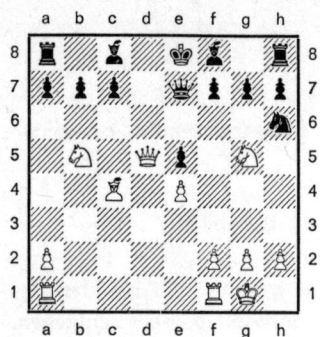

Nach dem 12. Zuge

Er konnte hier ganz gut f7—f6 einschalten oder auch a7—a6.

12.	Lb2×e5	d6×e5
	(siehe Diagramm)	
13.	Sb5×c7+	

Ein verblüffendes Springeropfer. Es gelingt dem Weißen auf diese Weise, seine weit vorgepreschten Figuren auf ihren Posten zu behaupten und alle Reserven heranzuführen.

13.	...	De7×c7
14.	Ta1—c1	

Die Drohung Lb5+ ist peinlich.

14.	...	Dc7—e7
15.	Lc4—b5+	Lc8—d7
16.	Dd5×b7	Ta8—d8
17.	Tf1—d1	

Die schwarze Stellung bietet ein Bild der Hilflosigkeit.

17.	...	Ld7×b5
18.	Db7×b5+	Td8—d7
19.	Tc1—c8+	De7—d8
20.	Db5×d7 matt.	

Eine Lehrpartie, die davor warnen soll, in der Eröffnung auf Bauernraub auszugehen, bevor der planmäßige Aufbau vollendet ist.

Jacques Mieses (geb. 1865 in Leipzig, gest. 1954) war gleichermaßen berühmt durch sein ideenreiches und glanzvolles Angriffsspiel und seine unterhaltende und zugleich belehrende Feder. Er führte das „Kleine Lehrbuch des Schachspiels" von J. Dufresne, das wohl ver-

breitetste Schachbuch, weiter, leitete zahllose Schachspalten und war
nicht zuletzt erfolgreicher Schachorganisator. Auch als Blindspieler
(ohne Ansicht der Bretter gegen eine Anzahl von Konkurrenten —
üblicherweise zehn bis zwanzig) wurde Mieses vielbewundert.

Wiener Partie
Mieses—Snosko-Borowski
Ostende 1907

1.	e2—e4	e7—e5
2.	Sb1—c3	Sg8—f6
3.	Lf1—c4	Sb8—c6

Schwarz könnte ohne Risiko 3. ... Se4: spielen, denn bei 4. Se4: d5
gewönne er die Figur günstig zurück. Verwickelter ist 4. Dh5 Sd6,
wobei Schwarz nach Ansicht der Theorie die Spiele auszugleichen
vermag.

4.	d2—d3	Lf8—b4
5.	Lc1—g5	d7—d6

Am besten tauscht Schwarz sogleich auf c3 und erreicht damit
wenigstens eine gewisse Zersplitterung der weißen Bauern.

6.	Sg1—e2	

Weiß läßt es nicht mehr zum Doppelbauern kommen.

6.	...	Lc8—e6
7.	0—0	h7—h6
8.	Lg5×f6	Dd8×f6
9.	Sc3—d5	Lc6×d5
10.	Lc4×d5	

Weiß steht bereit, dem Tf1 mit f2—f4 zu kräftigem Leben zu verhelfen.

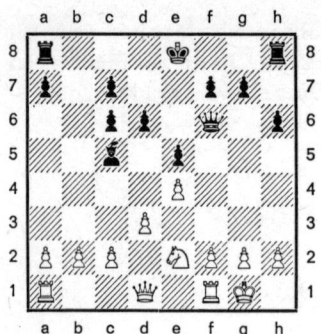

Nach dem 11. Zuge

10. . . .   Lb4–c5
11. Ld5×c6+   b7×c6
     (siehe Diagramm)
12. Kg1–h1

Mit seiner gesünderen Bauernstellung hat Weiß das aussichtsreichere Spiel, zumal sein Springer gut verwendbar ist.

Versucht etwa Schwarz, die Öffnung der f-Linie zu verhindern und spielt 12. . . . g7–g5, so nistet der Springer sich auf f5 ein.

12. . . .   d6–d5

Auch 12. . . . 0–0 kann nicht befriedigen, weil nach 13. f4 ef 14. d4 Lb6 15. Tf4: der schwarze Läufer ausgesperrt ist.

13. f2–f4   e5×f4
14. Tf1×f4   Df6–e7

Mieses bemerkt, daß 14. . . . Db2: „nur die Angriffszwecke des Gegners fördern" würde. Es ist gewiß lehrreich, das einmal näher zu untersuchen. Solche „Bastelei", wie Lasker es nannte, verhilft zum näheren Verständnis der besonderen Lage auf dem Schachbrett. Hier ein Muster: 14. . . . Db2: 15. ed cd 16. Tb1 Da3 17. Tb3 Da6 18. d4 nebst 19. Te3(+). Natürlich sind für Weiß wie für Schwarz zahllose Abweichungen möglich, denen man so weit wie möglich folgen sollte.

15. d3–d4   Lc5–b6
16. Se2–g3   0–0–0

Die kurze Rochade wäre allerdings wegen 17. Sf5 nebst Tg4 verhängnisvoll. Wenn der König sich auf der anderen Brettseite sicher gefühlt haben sollte, sieht er sich bald getäuscht

17. e4–e5   c6–c5

54

Schwarz will seinen Läufer heraushauen, bevor Weiß mit b2—b4 zuvorkommt. Es leuchtet jedoch ein, daß die Sicherheit des Königs dabei leiden muß

18.	c2—c3	c5×d4
19.	c3×d4	Kc8—b8

Die Art und Weise, wie Mieses nun das schwarze Bollwerk weiter zu lockern und schließlich zu erstürmen versteht, wirkt elegant und kraftvoll.

20.	a2—a4	a7—a5
21.	b2—b4!	De7×b4

Auf a5×b4 war 22. a4—a5 La7 23. Da4 geplant.

22.	Ta1—b1	Db4—e7
23.	Dd1—f1!	

Blickt nach f7 und a6 (wenn etwa 23. . . . Thf8, so 24. Da6!).

23.	. . .	Kb8—a7
24.	Tb1×b6!	

Mieses nützt jedes taktische Merkmal aus: der Bauer darf wegen Tf7: nicht schlagen, und so muß sich der nackte König ins Gefecht begeben.

24.	. . .	Ka7×b6
25.	Df1—b5+	Kb6—a7
26.	Db5×a5+	Ka7—b7
27.	Tf4—f1	Td8—b8

Oder 27. . . . De6 28. Tb1+ Kc8 29. Tc1!

28.	Sg3—f5	

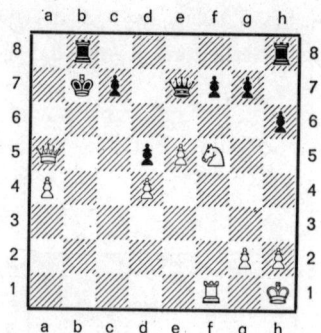

Die Dame ist in einem Dilemma. Nach d7 darf sie wegen 29. Tb1+ Kc8 30. Da6+ nicht (für diesen Fall braucht der schwarze K das Feld d7), geht sie nach a3, so führt 29. Dd5:+ ins Verderben, z. B. 29. ... Kc8 30. Sd6+ cd 31. Dc6+ Kd8 32. ed Tc8 33.Db6+ Ke8 34. d7+, oder 29. ... Ka7 30. Da5+ Kb7 31. Sd6+ cd 32. Tf7:+ und gewinnt.

| 28. | ... | De7—e6 |
| 29. | Sf5—d6+! | |

Der Gnadenstoß.

| 29. | ... | c7×d6 |
| 30. | Tf1—b1+. | |

Schwarz gab auf, weil auf jeden Fall Tc1+ Kd7 Dc7+ entscheidet.

Siegbert Tarrasch (geb. 1862 in Breslau, gest. 1934), der „Praeceptor Germaniae" des Schachspiels, von dem eine ganze Generation von Schachmeistern gelernt hat, war in seinen Schriften, weniger aber in seinem Spiel, Dogmatiker. Während der Jahre 1889 und 1907 hat er nicht weniger als sieben große internationale Turniere gewonnen. Er verschmähte es, den damaligen Weltmeister Emanuel Lasker herauszufordern, weil er sich überlegen wähnte. Erst 1908, als seine beste Zeit wohl schon vorbei war, kam Tarrasch zum Wettkampf mit Lasker und unterlag 3:8. Tarrasch hat die Lehren von Steinitz popularisiert und vervollkommnet.

Damengambit
Nimzowitsch—Tarrasch
St. Petersburg 1914

| 1. | d2—d4 | d7—d5 |

| 2. | Sg1–f3 | c7–c5 |
| 3. | c2–c4 | e7–e6 |

Diese Aufstellung hielt Dr. Tarrasch gegen das Damengambit für die „einzig richtige".

| 4. | e2–e3 |

Für diesen Zug plädierte auch Tarrasch, während Schlechter und Rubinstein durch Tausch auf d5 einen Einzelbauern schufen, den sie mit Sc3, g2–g3 und Lg2 unter Feuer nahmen. Beide Systeme dürften gleichwertig sein.

4.	...	Sg8–f6
5.	Lf1–d3	Sb8–c6
6.	0–0	Lf8–d6
7.	b2–b3	0–0
8.	Lc1–b2	b7–b6

Die Symmetrie in der Bauernstellung könnte die Vermutung aufkommen lassen, daß eine gleiche Stellung entstanden sei, die keine Höhepunkte im weiteren Partieverlauf verspreche. Ein wenig Geduld — die Verwicklungen ergeben sich von selbst!

| 9. | Sb1–d2 | Lc8–b7 |
| 10. | Ta1–c1 | Dd8–e7 |

Schwarz will eventuell nach Tausch auf d4 mit La3 auf den schwarzen Feldern des Damenflügels eindringen.

| 11. | c4×d5 |

„Einer von den minimalen Fehlern, die sich Weiß zuschulden kommen läßt und deren Summe schließlich seinen Ruin herbeiführt", schreibt Dr. Tarrasch im Turnierbuch. Er meint, daß der Tausch das schwarze Spiel „freier" gestalte. Nimzowitsch beabsichtigte, das Feld f5 für seinen Springer zugänglich zu machen und eventuell die Lockerung g7–g6 zu erzwingen. Er hat sich davon aber mehr versprochen, als dabei herauskommt. Der mit dem Manöver verbundene Zeitverlust wiegt erheblich.

11.	...	e6×d5
12.	Sf3–h4	g7–g6
13.	Sh4–f3	Ta8–d8

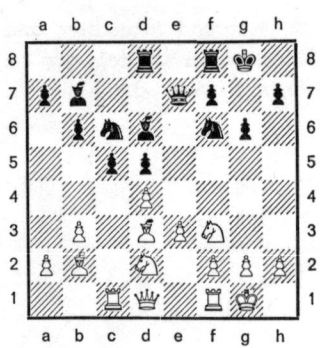

Kein bloßer Entwicklungszug, sondern eine notwendige Vorbereitung von Sf6—e4. Spielt er sofort Se4, so wäre Schwarz nach Tausch auf c5 gezwungen, mit einer Figur zurückzunehmen und dem Weißen den starken Punkt d4 zu überlassen (13. ... Se4? 14. dc! bc? 15. Le4: de 16. Se4: zugunsten von Weiß, weil der Ld6 u n g e d e c k t ist).

14.	d4×c5	b6×c5

Die Bauern d5 und c5, die des Figurenschutzes bedürfen, bezeichnet man mit „Hängebauern", die bei unzweckmäßiger Entwicklung leicht schwach werden können. Tarrasch ist in der gegenwärtigen Lage von ihrer Stärke überzeugt: „... Schwarz ist jetzt vollständig Herr des Zentrums und steht völlig überlegen. Gerade für diese Bauern hat Weiß wohl ein materielles, aber kein positionelles Äquivalent".

15.	Ld3–b5

Mit der Idee 16. Lc6: Lc6: 17. b4, und die Bauern müssen ihre beherrschende Stellung aufgeben. Nach c5—c4 besitzt Weiß das Feld d4.

15.	...	Sf6–e4!

Schwarz setzt seinen ursprünglichen Plan fort, weil er erkannt hat, daß er damit gleichzeitig die Drohung pariert.

	16.	Lb5×c6	Lb7×c6

Auf 17. b4 käme einfach Lb5 18. bc Sc5: 19. Te1 Sd3 mit Qualitäts-gewinn.

	17.	Dd1–c2

Nimzowitsch sieht die Gefahr nicht, die von einem Vorstoß des schwarzen d-Bauern mit Entfesselung des Läuferpaares kommt. Die unmittelbare Gefahr bannte 17. h3.

	17.	...	Se4×d2!
	18.	Sf3×d2	

Auch 18. Dd2: d4! ist peinlich, weil Lf3: nebst Aufreißung des K-Flügels droht.

	18.	...	d5–d4!
	19.	e3×d4	

(siehe Diagramm)

Nun bricht das Unheil in Gestalt eines doppelten Läuferopfers über Nimzowitsch herein, das mit e3–e4 zu vermeiden war.

	19.	...	Ld6×h2+!!
	20.	Kg1×h2	De7–h4+
	21.	Kh2–g1	Lc6×g2

Nach 19. e3×d4

Wenn jetzt 22. Kg2:, so Dg4+ 23. Kh2 Td5 24. Dc5: Th5+ 25. Dh5: Dh5:+ 26. Kg2 Dg5+ und 27. ... Dd2: mit leichtem Gewinn.

	22.	f2–f3	Tf8–e8!

Verhindert wieder das Schlagen des Läufers, weil Te2+ käme.

	23.	Sd2–e4	Dh4–h1+
	24.	Kg1–f2	Lg2×f1

Die Partie ist entschieden, weil der Lf1 wegen Dh2+ und Verlust der Dame unantastbar ist.

25. d4—d5

Die einzige Hoffnung des Weißen besteht darin, auf der Schrägen a1/h8 anzugreifen.

| 25. | ... | f7—f5 |
| 26. | Dc2—c3 | |

Natürlich hat Schwarz das vorausgesehen; er leitet nun eine lustige Mattjagd ein.

26.	...	Dh1—g2+
27.	Kf2—e3	Te8×e4+
28.	f3×e4	f5—f4+

Noch schneller ging es bei 28. ... Dg3+ 29. Kd2 Df2+.

29.	Ke3×f4	Td8—f8+
30.	Kf4—e5	Dg2—h2+
31.	Ke5—e6	Tf8—e8+
32.	Ke6—d7	

Oder 32. Kf6 Df4 matt.

| 32. | ... | Lf1—b5 matt! |

Für die schwungvoll geführte Partie erhielt Dr. Tarrasch einen Schönheitspreis.

Emanuel Lasker (geb. 1868 in Berlinchen, gest. 1941) war Weltmeister von 1894 (als er Steinitz besiegte) bis 1921 (als der 53jährige die Unvorsichtigkeit beging, auf die heiße Insel Kuba zu fahren und die Herausforderung Capablancas anzunehmen). Lasker war der Philosoph unter den Schachspielern, der Mathematiker (der sogar mit

Einstein disputiert hat). Er stellte eine Theorie des Kampfes auf, die er von schachlichen Maximen ableitete und auf das Leben, das Streitgespräch, auf jede Auseinandersetzung anwenden wollte. Ein Denker wie Lasker konnte keine Schule bilden, er war einzigartig und unnachahmlich.

Vierspringerspiel
Janowski—Lasker
Match zu Paris 1909

1.	e2—e4	e7—e5
2.	Sg1—f3	Sb8—c6
3.	Sb1—c3	Sg8—f6
4.	Lf1—b5	Lf8—b4
5.	0—0	0—0
6.	d2—d3	d7—d6
7.	Lc1—g5	Lb4×c3

Der Springer drohte nach d5 zu kommen.

8.	b2×c3	Sc6—e7

Ein damals sehr beliebtes Verfahren. Heute bevorzugt man das Metgersche Manöver De7 nebst Sd8 und Se6, mit dem die Fesselung abgeschüttelt werden soll.

9.	Lb5—c4	

Hier war sofortiges Sh4 am Platze, um die Öffnung der f-Linie drohen zu können. Janowski war aber mit seinem Läuferzug, den Lasker als „fast Verlust eines Zuges" bezeichnet, bis dahin sehr erfolgreich gewesen.

9.	...	Se7—g6
10.	Sf3—h4	Sg6—f4!

Ein von Pillsbury herrührender Zug, der den Vorstoß des f-Bauern unterbindet.

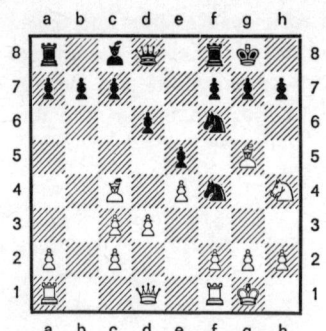

11. Lg5×f4

Hübsch ist die Wendung 11. Dd2?
Se4:!. Auf 11. Sf5 käme d6–d5!
und 11. g3? ist wegen Sh3+ nicht
angängig. Wenn 11. Df3, so nicht
etwa 11. ... Lg4? wegen der lehr-
reichen Antwort 12. Lf6:!, sondern
11. ... h6 12. Lf4: ef, und nun
scheitert 13. Df4:? an Sh5!
Lasker empfahl als bestes 11. Lb3,
womit der Entgegnung d6–d5 die
Kraft genommen wird. Das hätte auch 11. ... h6 wegen 12. Lf4: ef
13. Sg6! verhindert. Solange der L auf c4 steht, wäre der Zug Sg6 mit
d6–d5 widerlegt worden.

11.	...	e5×f4
12.	Sh4–f3	

Alapin empfahl g2–g3 nebst Sh4–g2.

12.	...	Lc8–g4!

Tarrasch hielt 12. ... Le6 für richtig; doch Lasker hält dem (in seinem
Lehrbuch) entgegen: 13. Lb3 d5 14. Sd4 und Weiß steht gar nicht übel,
da er die e-Linie zuerst besetzt. Die

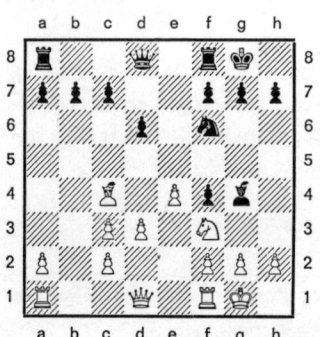

Fesselung des Sf3 dagegen ist sehr
unbequem.

13. h2–h3

„Das ist ein Fehler, weil der Königsflügel dadurch stark geschwächt
wird. Weiß sollte sich mit 13. Dd1–
d2 verteidigen, um sodann nach
Lg4×f3 14. g2×f3 den König in
die Ecke zu stellen und die g-Linie

zu besetzen. Von nun an hat Schwarz das Übergewicht" (Lasker).
Man sieht, daß mitunter geringe Ursachen für die Störung des Gleich-
gewichts maßgebend sind.

13.	...	Lg4—h5
14.	Ta1—b1	b7—b6
15.	Dd1—d2	

Alapin verurteilte diesen Zug und wies auf 15. g4 hin. Lasker wendete
eine geistreiche Analyse ein: 15. g4 fg e. p. 16. fg d5! 17. ed Sd5:
18. Dd2 f6! nebst baldigem Lh5—f7 „und Schwarz steht sowohl für
Mittelspiel wie auch für das Endspiel überlegen".

15.	...	Lh5×f3
16.	g2×f3	Sf6—h5
17.	Kg1—h2	Dd8—f6
18.	Tf1—g1	

Janowskis Wunschtraum vom Angriff auf der g-Linie geht nicht in
Erfüllung.

18.	...	Ta8—e8
19.	d3—d4	Kg8—h8
20.	Tb1—b5	Df6—h6

Nicht 20. ... c5 wegen 21. Ld5
nebst 22. e5.

21.	Tb5—g5	f7—f6
22.	Tg5—g4	g7—g6!
	(siehe Diagramm)	

Lasker macht hier die grundsätz-
liche Bemerkung, daß Schwarz gerade deswegen im Vorteil sei, weil
der Weiße unfähig ist, Linien zu
öffnen. Schwarz habe daher die
Aufgabe, Linien zu öffnen, wo sich

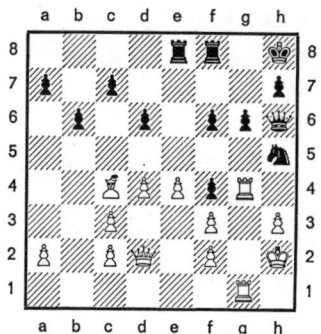

Nach dem 22. Zuge

die günstige Gelegenheit biete. Deshalb vermied Schwarz den linien-
öffnenden Zug f6—f5, der verfrüht wäre und dem Gegner Chancen
gäbe.

23.	Lc4—d3	Te8—e7
24.	c3—c4	

Kommt dem Schwarzen entgegen, der nun bequem seinen Rand-
springer in die Mitte führen kann. Allerdings müßte Schwarz auch bei
passivem Verhalten des Weißen schließlich zu g6—g5 kommen und
den Sh5 für andere Aufgaben frei machen können.

24.	...	Sh5—g7!

An diesem Zug läßt sich der Zusammenhang zwischen Strategie und
Taktik ablesen. Die wünschenswerte Überführung des Springers grün-
det sich auf die Analyse 25. Df4:? Df4: 26. Tf4: Se6 nebst Sd4: mit
überlegenem Spiel des Schwarzen, der alle dunkelfarbigen Felder
beherrscht.

25.	c2—c3

Alapin meint, daß 25. d5 geschehen sollte, damit der Springer von der
Route e6—g5—f3 oder —h3 abgehalten wird. Die schwarzfeldrige Ohn-
macht des weißen Spiels würde allerdings damit nur betont werden.
Der Springer wäre dann nach dem Motto „Der Mohr hat seine Schul-
digkeit getan" wieder nach h5 zurückgekehrt.

25.	...	Sg7—e6
26.	Ld3—f1	f6—f5!
27.	Tg4—g2	

Bei 27. ef gf 28. Tg2 Tf6 tauchte die Drohung Dh3:+ nebst Th6 matt
auf!

27.	...	Tf8—f6!

Ein seltsam aussehender Zug, den Janowski nicht durchschaut.

28. Lf1–d3   g6–g5!
     (siehe Diagramm)

Schwarz droht das Damenopfer auf
h3, gefolgt vom Turmmatt auf h6!
Der Angriff ist zum Orkan ange-
schwollen.

29. Tg1–h1   g5–g4
30. Ld3–e2   Se6–g5

Er hat alle Ziele durchgesetzt. Die
Partie ist zu Ende.

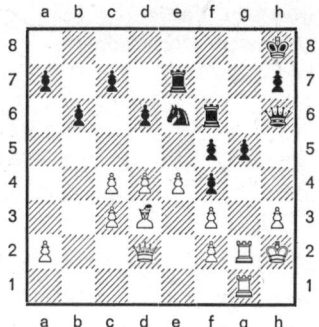

Nach dem 28. Zuge

31. f3×g4   f4–f3
32. Tg2–g3   f3×e2.

Weiß gab auf. Laskers Bemerkungen zu dieser Partie sind bezeichnend
für die tiefe Einsicht, die ihm für die Vorgänge auf dem Schachbrett
gegeben war.

Richard Teichmann (geb. 1868 in Altenburg, gest. 1925) feierte
seinen größten Sieg im Turnier zu Karlsbad 1911, wo er einem Felde
von 25 Konkurrenten um einen vollen Punkt enteilte (ihm folgten punkt-
gleich Schlechter und Rubinstein, dann Rotlewi, Marshall, Nimzowitsch
und so fort). In vielen anderen Kämpfen gelangte er auf den dritten
Rang, so daß ihm der Spitzname „Richard III." zuflog. Teichmann
schlug Spielmann, Mieses und andere in Wettkämpfen. Er spielte ein
gesundes, „objektives" Schach und hätte noch größere Erfolge erzielt,
wäre er nicht oft zu friedfertig gewesen. Eine Wettkampfpartie mit
dem Berliner Meister Sämisch brach er einmal mit den Worten ab:
„Genug des Stumpfsinns, Remis!", fegte die Figuren vom Brett und
begab sich eilig zum Ringerzelt, wo sich die starken Männer für die
erste Runde fertig machten. — Teichmann genoß außerdem den Ruf
eines feinen Problemkenners.

Spanische Partie
Teichmann—Rubinstein
Karlsbad 1911

1.	e2—e4	e7—e5
2.	Sg1—f3	Sb8—c6
3.	Lf1—b5	a7—a6
4.	Lb5—a4	Sg8—f6
5.	0—0	Lf8—e7
6.	Tf1—e1	b7—b5

Wehrt die Drohung 7. Lc6: nebst 8. Se5: ab. Zieht Schwarz sofort
6. . . . d6, so muß er mit 7. Lc6:+ bc 8. d4 rechnen.

7.	La4—b3	d7—d6
8.	c2—c3	

Verfrüht ist 8. d4 wegen Sd4: 9. Sd4: ed 10. Dd4:? c5 nebst c5—c4
und Einsperrung des Läufers.

8.	. . .	0—0
9.	d2—d3	

Teichmann war ein Freund dieses ruhigen Aufbaus. Er wollte keine
Verpflichtung in der Mitte eingehen, damit ihm die Hände für Unter-
nehmungen an den Flügeln frei blieben.

9.	. . .	Sc6—a5
10.	Lb3—c2	

Der „Angriffsläufer" soll erhalten bleiben.

10.	. . .	c7—c5
11.	Sb1—d2	Sa5—c6

Übrigens erlitt auch Schlechter im gleichen Turnier gegen Teichmann
mit der gleichen Verteidigung Schiffbruch. Dort folgte 11. . . . Dc7
12. Sf1 Sc6 13. Se3 Lb7? (Der Läufer sollte auf c8 bleiben, damit der

Se3 nicht nach f5 kommt.) 14. Sf5 Tfe8 15. Lg5 Sd7 16. Lb3 Sf8
17. Ld5 Sg6? 18. Le7: Se7: 19. Lf7:+! Kf7: 20. Sg5+ Kg8 21. Dh5
Sf5: 22. Dh7:+ Kf8 23. Df5:+Kg8 24. Dg6! Dd7 25. Te3. Schwarz
gab auf.

| 12. | a2—a4 | Lc8—b7 |

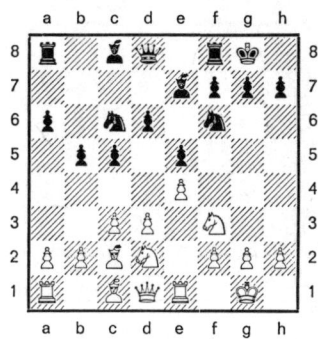

Nach dem 11. Zuge

Wie in der eben erwähnten Partie
wäre es besser gewesen, den L auf
c8 zu lassen und Tb8 zu spielen.

13.	Sd2—f1	Dd8—c7
14.	Sf1—g3	g7—g6
15.	Lc1—g5	Ta8—d8
16.	a4×b5	a6×b5
17.	Dd1—c1	

Weiß bereitet sorgfältig den Angriff am Königsflügel vor, der seine
eigentliche Kraft durch das Spiel auf den dunklen Feldern und den
Vorstoß des f-Bauern erhält.

| 17. | ... | Tf8—e8 |

Ratsamer war Sf6—e8.

18.	h2—h3	Td8—a8
19.	Ta1×a8	Te8×a8
20.	Sf3—h2	

Das war der Sinn des 18. Zuges. Der Springer soll Platz für den Bf2
machen; später kann er nach g4 weitergehen.

| 20. | ... | Lb7—c8 |

Der Läufer wirkt hier an der Verteidigung mit. Ein Nachteil ist, daß
der Ta8 im Augenblick abgeschnitten ist.

21. f2–f4   Sf6–e8
(siehe Diagramm)
22. f4–f5!

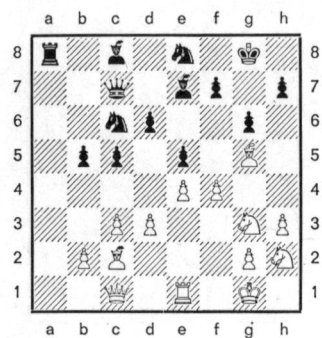

Nach dem 21. Zuge

Teichmann führt den Angriff lehrbuchmäßig. Der f-Bauer stiftet Verwirrung, weil der Gegner nicht weiß, ob er sich tauschen oder weiter vorrücken will.

22.   ...   Le7×g5

Im Falle von 22. ... f6 geschieht 23. Lh6, denn die Einschließung g6–g5 wird sofort mit 24. h4 aufgebrochen.

23. Dc1×g5   Dc7–e7
24. Dg5–h6

Die Dame lockt ihre Gegenspielerin zuerst auf ein ungünstiges Feld, bevor sie sich auf ihre Absprungbasis zurückzieht.

24.   ...   De7–f8
25. Dh6–c1   Df8–g7
26. Te1–f1   g6–g5
27. Sh2–g4   Se8–f6
28. Sg4×f6+   Dg7×f6
29. h3–h4   h7–h6

Das Schlagen auf h4 ist wegen Sh5, gefolgt von Dh6, unersprießlich: der schwache Punkt f6!

30. Sg3–h5   Df6–d8
31. f5–f6

Dieser Bauer hat fast die Kraft einer Figur — er hemmt und droht.

31.	...	Kg8–h7
32.	h4×g5	Lc8–g4
33.	Sh5–g7	Kh7–g6
34.	Lc2–d1!	

Der spanische Angriffsläufer eilt zur Vollstreckung herbei.

34.	...	Dd8–d7
35.	Sg7–f5!	Lg4×f5
36.	e4×f5+.	

Schwarz gab auf, denn nach Kh7 37. Lg4, gefolgt von Tf3, bräche die Verteidigung zusammen.

Johann Berger (geb. 1845 in Graz, gest. 1934) erwarb sich durch sein Buch „Theorie und Praxis der Endspiele" dauerhaften Ruhm; es bildete die Grundlage der modernen Endspielforschung (1. Auflage 1890). Berger war außerdem auf dem Gebiete der Problemkomposition führend, wenngleich seine Maximen später zum Teil als zu starr angesehen wurden. Auf dem Turnierparkett war Johann Berger gleichfalls eine geachtete Figur. Er und der Engländer Sonneborn waren die Erfinder eines Wertungssystems, das bei Gleichstand der Turnierteilnehmer angewandt wird, um die Rangfolge zu bestimmen.

Spanische Partie
Berger–Gaspary

1.	e2–e4	e7–e5
2.	Sg1–f3	Sb8–c6
3.	Lf1–b5	Sg8–f6
4.	d2–d3	Sc6–e7

Eine verfrühte Überführung des Springers zum Königsflügel, die allerdings mit einer Falle verbunden ist. 5. Se5:? kostet wegen 5. ... c6! eine Figur (6. Lc4 Da5+, oder 6. Sc4! Sg6!).

5.	Lb5–c4	c7–c6

6.	Sb1—c3	Se7—g6
7.	Sf3—g5	

Noch energischer war 7. h4.

7.	...	d7—d5
8.	e4×d5	c6×d5

Unbedingt mußte zuvor h7—h6 geschehen, damit der Sg5 zurückweichen und den Druck gegen f7 aufgeben muß (der S wäre nach e4
gegangen). Der Problemkomponist Berger sieht nun die Gelegenheit
zu einer feinen Kombination.

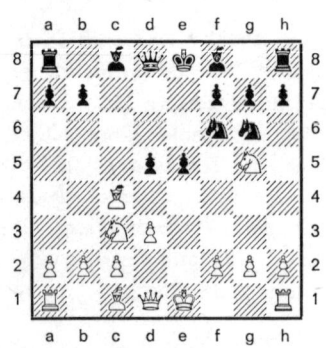

9.	Sc3×d5!	Sf6×d5
10.	Dd1—f3	Lc8—e6

Indirekte Folge des Zeitverlusts, der
mit der Wanderung des Sb8 nach
g6 verbunden ist, ist der in der
Mitte bloßgestellte, kaum beweg-
liche König.

11.	Sg5×e6	f7×e6
12.	Lc4—b5+	Ke8—e7
13.	Lc1—g5+	Sd5—f6
14.	Df3×b7+	Ke7—d6

Nach dem 8. Zuge

Der König ist genötigt, ins Freie zu treten, wo ihn schon weiße Figuren
umzingeln. Weiß braucht nur noch zu überlegen, wie er den Todes-
stoß führt.

15. Lg5—d2!

Stellt den Verteidiger vor eine unlösbare Aufgabe. So hätte 15. ... Sd7
wegen 16. Lb4+ Sc5 17. Lc5:+ Kc5: 18. Dc6+ Kc5 19. c3+ nur
aufschiebenden Wert, und 15. ... e4, um Platz in der Mitte zur Flucht
zu schaffen, erweist sich wegen 16. d4 e5 17. Dc6+ Ke7 18. Lb4+

Kf7 19. Lc4+ als ungenügend. Schließlich nützt auch 15. ... Sd5
nichts wegen 16. c4.

15.	...	a7—a5
16.	c2—c4!	

Schwarz gab auf. Es droht 17. c5+ Kc5: 18. Tc1+, und wenn 16. ...
e4, so verhindert 17. f4 ein Entkommen. Falls 16. ... Tc8, so 17. b4.
Widerlegte Partieanlage.

Karl Schlechter (geb. 1874 in Wien, gest. 1919) gehörte zu den
Größten der Schachwelt. Die Neuausgabe des Bilguerschen Handbuchs
(1916) hat er vollständig neu bearbeitet. Von 1899 bis 1919 redigierte
er die Deutsche Schachzeitung. Sein herausragender Erfolg war der
Wettkampf, den er 1910 mit Weltmeister Lasker austrug und unentschieden hielt. Lasker bekannte: ich finde in seinem Spiel keine
Schwäche!

Philidor-Verteidigung
Schlechter—Aljechin
Hamburg 1910

1.	e2—e4	e7—e5
2.	Sg1—f3	d7—d6

Geht der Spanischen Partie aus dem Wege; Schwarz hat jedoch ein
beengtes Spiel, das nicht leicht zu verteidigen ist. Die Angriffsmethode
Schlechters ist schlechthin als klassisch anzusehen.

3.	Sb1—c3

Üblicherweise geschieht hier allerdings sofort 3. d4; sonst könnte
Schwarz das Spiel mit 3. ... c5 blockieren (unter Inkaufnahme der
Schwäche d5 und eines Entwicklungsnachteils).

3.	...	Sb8—d7

Bei 3. ... Sc6 ginge das Spiel mit 4. Lb5 in eine für Weiß sehr bequeme Variante der Spanischen Partie über.

4.	Lf1—c4	c7—c6
5.	d2—d4	Lf8—e7

Ein direkter Fehler ist 5. ... h6 wegen 6. de de 7. Lf7:+ Kf7: 8. Se5:+. Auf 5. ... Dc7 erhält Weiß durch 6. Sg5 Sh6 7. f4 einen sehr gefährlichen Angriff.

6.	d4×e5	d6×e5

Nicht aber 6. ... Se5: 7. Se5: de 8. Dh5 mit Gewinn eines Bauern.

7.	Sf3—g5!

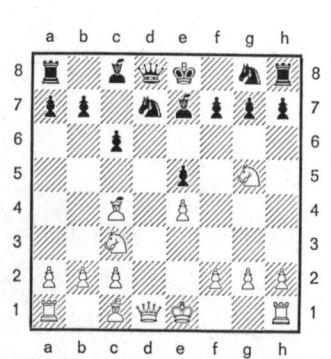

Ein Scheinopfer, bei dessen Annahme Weiß das bessere Endspiel (Läuferpaar) erhält. Die Ablehnung mit 7. ... Sh6 ist wegen 8. Se6! fe 9. Lh6: Sb6 (9. ... gh? 10. Dh5+ Kf8 11. Le6: und gewinnt) 10. Dh5+ Kf8 11. Le2! (Keres) 11. ... gh 12. Td1 Dc7 (De8? 13. Dh6:+ Kg8 14. Td3) 13. Dh6:+ Kg8 14. Td3 Lf8 15. Dg5+ Dg7 16. Dh4 Dc7 (es drohte Tg3) 17. Lh5 h6 18. Tg3+ Lg7 19. 0—0 „und fast alle schwarzen Figuren sind patt- gesetzt; der weiße Angriff ist zweifellos die geopferte Figur wert" (Keres), zu gefährlich.

7.	...	Le7×g5
8.	Dd1—h5	Dd8—f6

Schwarz geht dem Endspiel, das nach 8. ... g6 9. Dg5: Dg5: 10. Lg5: entsteht, aus dem Wege — kaum zu seinem Vorteil; denn es gäbe doch bessere Remischancen als die Partiefortsetzung.

9.	Lc1×g5	Df6—g6
10.	Dh5—h4	

Angesichts seiner wohlpostierten Figuren vermeidet Weiß gern den Damentausch.

10.	...	Sd7—c5
11.	Lg5—e3	Lc8—e6

Eine elegante Methode, die Wirkung des Lc4 auszugleichen.

12.	Lc4—e2	Sc5—d7
13.	0—0	Sg8—f6

„Schlechter hat die Eröffnung vor-
züglich behandelt und drohte nun
der schwarzen Dame mit Lh5 auf
den Leib zu rücken. Die feine Art,
wie er jetzt die Schwächen der
schwarzen Stellung ausschlachtet
und allmählich den Druck ver-
stärkt, ist ein ungemein lehrreiches
Beispiel moderner Spielbehand-
lung." So lautete ein Kommentar
aus dem Jahre 1911. Die erste
Schwäche, die Schlechter wahr-
nimmt, ist der Punkt d6.

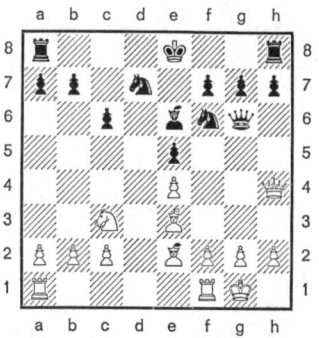

14.	Ta1—d1	0—0
15.	Td1—d6!	h7—h6
16.	Tf1—d1	Sd7—b6
17.	b2—b3	Sf6—e8

Rein defensives Verhalten wäre ziemlich aussichtslos und entspräche auch nicht der Auffassung Aljechins, des späteren Weltmeisters. Er will sich Gegenchancen durch Öffnung der f-Linie verschaffen. Letzten Endes kommt dieser Plan dem zweckmäßiger aufgestellten Weißen entgegen.

	18. Td6—d3	f7—f5

Wenn 18. ... f6, so 19. Lh5 Dh7 20. Lc5, und wenn 18. ... Df6, so 19. Dg3 Sc7 20. Lc5 Tfc8 21. a4.

	19. Le3—c5	f5×e4

Verlockend war 19. ... Df6, aber Weiß tauscht einfach die Damen und dringt mit dem T nach d8 ein.

20.	Td3—d8	Tf8—f4
21.	Dh4—h5	

Sehr peinlich wäre auch 21. Dg3 gewesen.

21.	...	Dg6×h5
22.	Le2×h5	Ta8×d8 (Lf7? 23. Lb6:!)
23.	Td1×d8	Le6—f7
24.	Td8×e8+	Lf7×e8
25.	Lh5×e8	

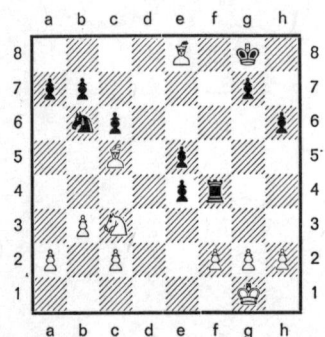

Mit zwei Läufern für den Turm hat Weiß im Endspiel den Gewinn in der Tasche.

25.	...	Sb6—d5
26.	g2—g3	Tf4—f5
27.	Sc3×e4	

Nun droht gar weiterer Qualitätsgewinn durch 28. Lg6.

27.	...	Sd5—f6
28.	Se4×f6+	Tf5×f6
29.	Lc5×a7	

Danach wäre es Zeit für Schwarz, in seiner hoffnungslosen Lage die Waffen zu strecken. Daß er es nicht tat, ist höchstens durch Zeitnot zu erklären, in die Schlechter geraten sein könnte.

74

29.	...	Tf6—f8
30.	Le8—g6	Tf8—a8
31.	La7—b6	Ta8×a2
32.	Kg1—f1	

Verhindert, daß der Be5 von e1 aus gedeckt wird.

32.	...	Ta2—a6
33.	Lb6—c7	c6—c5
34.	Lg6—d3	

Im Falle von 34. Le4 könnte Schwarz es noch mit 34. ... Kh8 probieren: 35. Lb7:? Ta7, oder 35. Le5:? Te6. Jetzt aber ist der e-Bauer verloren (Te6 35. Lc4), und Schwarz gab auf. Der Turm ist gegen die beiden Läufer hilflos.

Rudolf Spielmann (geb. 1883 in Wien, gest. 1942) war als Angriffsspieler unübertroffen. Selbst der spätere Weltmeister Aljechin (der den Titel von 1927 bis 1935 und von 1937 bis zu seinem Tode 1946 besaß) schrieb einmal: „Es wäre interessant gewesen zu sehen, wie Spielmann den Angriff geführt hätte ..." Seine Auffassung über das Opfer hat Spielmann in dem Buch „Richtig opfern" wiedergegeben, aus dem die folgende Partie stammt. Spielmann war einer der wenigen, der den schier unbezwinglichen Capablanca mehrfach zu besiegen vermochte. Von ihm stammt auch die Schrift „Am Krankenlager des Königsgambits".

Spanische Partie
Spielmann—Bogoljubow
Wettkampf Semmering 1932

1.	e2—e4	e7—e5
2.	Sg1—f3	Sb8—c6
3.	Lf1—b5	a7—a6
4.	Lb5—a4	Sg8—f6
5.	Dd1—e2	

Spielmann wollte offenbar der „offenen" Variante 5. ... Se4: aus
dem Wege gehen, die auf die Rochade folgen könnte.

5.	...	Lf8—e7

Am besten spielt Schwarz sofort 5. ... b5, weil sonst Weiß (nach 6. c3)
die Wahl hätte, mit dem Läufer nach b3 oder c2 zurückzugehen. Als
Hauptvariante wird zu zeit angesehen: 6. Lb3 Le7 7. 0—0 0—0 8. c3
d5! 9. d3! Te8.

6.	c2—c3	d7—d6
7.	d2—d4	Lc8—d7
8.	0—0	0—0

Weiß muß jetzt infolge der ungedeckten Stellung des La4 mit dem
Scheinopfer 9. ... Sd4:! rechnen.

9.	La4—c2	Tf8—e8
10.	d4—d5	Sc6—b8
11.	h2—h3	c7—c6
12.	d5×c6!	

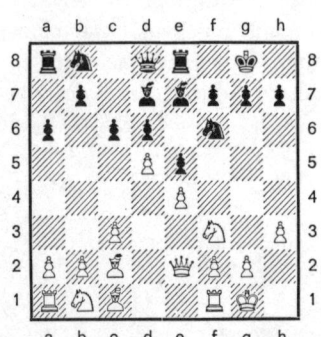

„Der Aufbau mit d4—d5 und dann
d5×c6 gefällt mir. Weiß erlangt
ein schönes Figurenspiel" (Spielmann in „Richtig opfern").

12.	...	Ld7×c6

„Von den drei Schlagarten die
schwächste, denn sie erschwert Entwicklung und Gegenspiel. Rubinstein, ein großer Kenner dieser
Verteidigung, schlägt stets mit dem
Springer" (Spielmann).

13.	c3—c4!	Sb8—d7
14.	Sb1—c3	Sd7—c5

15.	b2—b4	Sc5—e6

Das war die Idee; der Springer steht hier jedoch nicht so gut, wie Bogoljubow geglaubt haben mag.

16.	Lc1—e3	Le7—f8
17.	Tf1—d1	Dd8—c8
18.	Ta1—c1	b7—b5

Kein Bauernopfer, denn wenn Weiß zweimal auf b5 nimmt, verliert er Ba2.

19.	Sc3—d5!	Dc8—b7
20.	Sf3—h4	

Mit dem Tausch auf f6 hat Weiß zu Recht keine Eile, weil der Sd5 den Gegner beschäftigt, und ein Tausch auf d5 nur angenehm für den Anziehenden sein kann.

20.	. . .	Sf6—d7
21.	c4×b5	Db7×b5

Schwarz möchte gern die Damen tauschen. Auf 21. . . . ab sollte 22. Lb3, auf 21. . . . Lb5: 22. Dg4 geschehen

22.	Lc2—d3	Db5—b7
23.	Ld3—c4	Lc6—a4
24.	Td1—e1	g7—g6
25.	De2—g4	Ta8—c8
26.	Sh4—f5	h7—h5
	(siehe Diagramm)	

Es gibt kaum Besseres, wenngleich damit die Königsstellung (Punkt g6) gelockert wird. Das von einigen Kritikern empfohlene 26. . . . Lb5, um durch Tausch auf der c-Linie zu vereinfachen, hätte nach 27. Lb3 Tc1: 28. Tc1: nur die Preisgabe der c-Linie zur Folge gehabt, weil Schwarz wegen der Möglichkeit Se7+ nicht auf c8 entgegenstellen kann.

27.	Dg4—f3!!

Solche Angriffszüge zu finden ist kaum erlernbar. Daß der Sf5 nicht gut zu nehmen ist, erkennt „jeder erfahrene Spieler auf den ersten Blick", wie Spielmann sich ausdrückt.

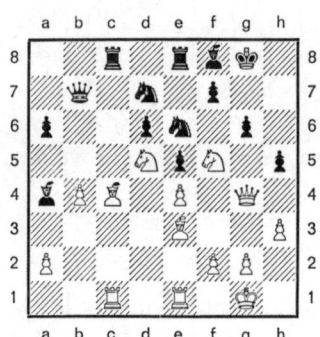

Nach dem 26. Zuge

Tatsächlich würde nach 27. ... gf 28. ef außer Schlagen auf e6 auch Damengewinn mittels 29. Sf6+ drohen. Zwar verteidigt gegen die doppelte Absicht 28. ... Sd8, aber 29. Dh5: nebst eventuell 30. f6 entscheidet. Besser ist 28. ... Lc6 29. fe fe 30. Sf6+ Sf6: 31. Df6: d5 32. Le2 und so fort mit erfreulichen Perspektiven für Weiß. Das alles war in der Vorausberechnung kaum zu erkennen; aber gerade hierin liegt der Sinn des „echten" Opferns, wie Spielmann ihn verstand.

Näher als 27. Df3 lag eigentlich 27. Dg3, aber dann hätte Schwarz sich bequemer verteidigen und 27. ... Kh7 ziehen können, während jetzt 27. ... Kh7 an 28. Sd6: Ld6: 29. Df7:+ nebst 30. Sf6 scheitert. Hierin liegt die tiefere Bedeutung des Textzuges.

27.	...	Tc8—c6
28.	Sf5—h6+	

Weiß erzwingt so den Abtausch des wichtigen Verteidigungsläufers. Auch das ist ein Verdienst des vorhergegangenen Zuges.

28.	...	Lf8×h6
29.	Le3×h6	Se6—d4

Beschleunigt die Niederlage. Schwarz konnte mit 29. ... Dc8 zäheren Widerstand leisten; doch hält dann nach einer Analyse Spielmanns 30. Dd3 den Vorteil fest. Noch energischer aber wäre 30. Da3! Tc4: 31. Da4: mit der Drohung 32. Dd7: nebst 33. Sf6+, oder 30. ... Lb5

31. Lb5: ab 32. Da7! Sf8 33. Tc6: Dc6: 34. Tc1 Da8 35. Dc7 mit strategischer Gewinnstellung.

30. Sd5—f6+   Kg8—h8

Natürlich nicht 30. ... Sf6: 31. Df6: mit undeckbarem Matt. Bogoljubow hatte darauf gerechnet, daß die Dame nun den Sf6 nicht mehr gedeckt halten kann. Aber ...

31. Lh6—g7+!

... das Hineinziehungsopfer des Läufers (der den König in ein Springerschach „hineinzieht") hatte er übersehen.

31. ...   Kh8×g7
32. Sf6×e8+   Kg7—h6
33. Df3×f7.

Schwarz gab auf.

Heinrich Wagner (geb. 1888, gest. 1959 in Hamburg), in den Zwanziger Jahren einer der stärksten Meister Deutschlands, der sich in den Länderkämpfen des Weltschachbundes in London 1927, Den Haag 1928, Hamburg 1930 und Prag 1931 rühmlich schlug, zog sich früh vom praktischen Spiel zurück; sonst wären ihm sicher noch große Erfolge beschieden gewesen. Er hat die Eröffnungstheorie mit interessanten Spielweisen bereichert.

Aljechin-Verteidigung
Wagner—Rellstab
Swinemünde 1930

1. e2—e4   Sg8—f6
2. e4—e5   Sf6—d5
3. d2—d4   d7—d6
4. Sg1—f3

79

Ruhig und nachhaltig. Aussichtsreich ist auch 4. c4 Sb6 5. f4.

| 4. ... | g7–g6 |

Allgemein wird 4. ... Lg4 5. Le2 e6 vorgezogen.

| 5. Sf3–g5! |

Schon ist Gefahr im Verzuge. Schwarz muß mit 6. Df3 oder auch
6. Sf7: rechnen.

| 5. ... | h7–h6 |

Schwarz sollte auf e5 tauschen und Sc6 folgen lassen.

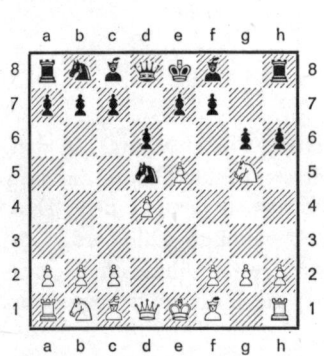

| 6. | Sg5×f7! | Ke8×f7 |
| 7. | Dd1–f3+ | Sd5–f6 |

An eine Verteidigung des Springers
war nicht zu denken, wie 7. ...
Ke6 8. c4 beweist.

| 8. | e5×f6 | e7×f6 |

Einbußen hat Schwarz nicht erlit-
ten; er muß sich jedoch mit drei
Nachteilen abfinden: Entwicklungs-
nachteil, Verlust der Rochade und
gelockerte Bauernstellung am Königsflügel. Vermutlich ist das Gleichgewicht bereits entscheidend gestört.

9.	Lf1–c4 +	Kf7–g7
10.	0–0	c7–c6
11.	Sb1–c3	d6–d5
12.	Lc4–d3	Lf8–d6
13.	Sc3–e2!	

Dem Springer winkt am Königsflügel ein aussichtsreiches Betätigungs-
feld. Gut war auch der einfache Entwicklungszug 13. Lf4.

13.	...	Sb8—d7
14.	Lc1—f4	Sd7—f8
15.	Df3—g3	Ld6×f4
16.	Se2×f4	f6—f5

Natürlich war auch 16. ... g5 17. Sh5+ Kf7 18. f4 chancenlos.

17.	Tf1—e1	Th8—g8
18.	c2—c4	

Droht Tausch auf d5, gefolgt von Te1—e5.

18.	...	d5×c4
19.	Ld3×c4	Tg8—h8
20.	Te1—e8!	

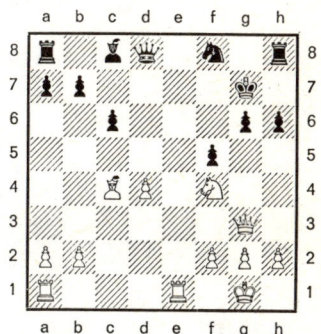

Sehr hübsch gespielt. Das Turm-
opfer beruht auf dem Doppel-
sprung Sf4—h5+—f6+.

20.	...	Dd8—g5
21.	Dg3—e3	

Noch einfacher war 21. h4! Dg3:
22. Te7+ Kf6 23. Tf7 matt.

21.	...	h6—h5

Schwarz stellt noch eine kleine Falle: 22. Se6+?? Se6: und die Dg5
ist gedeckt!

22.	De3—e5+	Schwarz gab auf
		(Kh7 23. Te7+).

Wagner hat den Eröffnungsfehler lehrbuchmäßig ausgenützt.

Friedrich Sämisch (geb. 1896 in Berlin), der älteste jetzt lebende „Großmeister des Weltschachbundes". Sein größter Erfolg war der 3. Platz im Turnier zu Baden-Baden 1925 hinter Aljechin und Rubinstein, vor Bogoljubow. In den Zwanziger Jahren hat er zahlreiche kleinere Veranstaltungen gewonnen. Sämischs tiefsinniges Spiel fand allgemeine Anerkennung, weniger sein exorbitanter Zeitverbrauch, der in seinen späteren Jahren zu einer Manie ausartete, so daß seine Gegner häufig nur zu warten brauchten, bis er die Zeit überschritt. Sämisch war als Blindspieler berühmt. Zwei sehr wichtige Eröffnungssysteme tragen seinen Namen (1. d4 Sf6 2. c4 e6 3. Sc3 Lb4 4. a3 und 1. d4 Sf6 2. c4 g6 3. Sc3 Lg7 4. e4 d6 5. f3).

Nimzowitsch-Indisch
Sämisch—Grünfeld
Karlsbad 1929

1.	d2—d4	Sg8—f6
2.	c2—c4	e7—e6
3.	Sb1—c3	Lf8—b4
4.	a2—a3	

Der „Sämisch-Angriff". Weiß nimmt den Doppelbauern c3/c4 in Kauf. Dafür sichert er sich das Läuferpaar, öffnet sich die b-Linie, stärkt den Punkt d4 und — schafft klare Verhältnisse.

4.	...	Lb4×c3+
5.	b2×c3	d7—d6

Am beliebtesten ist der unmittelbare Stoß gegen das weiße Zentrum mittels 5. ... c5, der es dem Weißen erschwert, seine Mitte auszubauen.

6.	f2—f3	0—0
7.	e2—e4	e6—e5
8.	Lf1—d3	Sb8—c6

Spielbar ist auch im Blockadesinne 8. ... c5.

9.	Sg1–e2	Sf6–d7

Der Wiener Theoretiker Hans Müller empfiehlt 9. . . . De8 10. 0–0 b6.
Schwarz muß dem Fesselungszuge 10. Lg5 vorbeugen.

10.	0–0	b7–b6
11.	Lc1–e3	Lc8–a6
12.	Se2–g3	Sc6–a5
13.	Dd1–e2	Dd8–e8
14.	f3–f4	

Der Aufbau ist geglückt. Es steht
alles zum Königsangriff bereit. Die
Mitte ist fest genug.

14.	...	f7–f6
15.	Tf1–f3	Kg8–h8
16.	Ta1–f1	De8–f7
17.	f4×e5	d6×e5
18.	d4–d5	Sa5–b7

Der Springer strebt auf das Blok-
kadefeld d6, eine gute Strategie.

19.	Sg3–f5	Sb7–d6
20.	Tf3–h3	g7–g6

Schwarz hat gewiß auch den Springertausch auf f5 erwogen, der
manches für sich hat.

21.	Sf5–h6	Df7–g7
22.	g2–g4	g6–g5
23.	Th3–h5	Sd7–c5
24.	Le3×c5	b6×c5
25.	Tf1–f3	Dg7–e7
26.	Tf3–h3	

Sämisch findet nicht gleich den geradlinigen Weg, der im Vorrücken des
h-Bauern bestand. Infolgedessen muß er seinen Plan bald ändern.

26.	...	La6—c8!
27.	De2—f2	Sd6—e8
28.	Th3—f3	Se8—g7
29.	Th5—h3	Lc8—d7

Nötig war Se8 30. Thg3 Kg7!

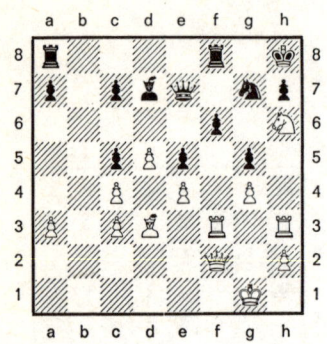

30. Th3—g3!

Der Turm macht Platz für den h-Bauern. Weiß ist jetzt wieder auf dem richtigen Wege.

30.	...	Ld7—e8
31.	h2—h4	g5×h4

Schwarz kann den Verteidigungs-ring nicht aufrechterhalten.

32.	Tg3—g2	h4—h3
33.	Tf3×h3	Le8—g6
34.	Th3—f3	Ta8—b8
35.	Df2—h4	Tb8—b3
36.	Tg2—f2!	Tb3×c3

Schwarz macht zwar als erster Beute, doch Weiß revanchiert sich sofort und inszeniert in der Folge einen wunderbaren, höchst geistreichen Durchbruch.

37.	g4—g5!	Sg7—e8

Auf 37. ... Td3: 38. gf! könnte Schwarz die Waffen strecken.

38.	g5×f6	De7—d8

Auf 38. ... Sf6: 39. Tf6: Tf6: 40. Tf6: Td3: durfte sich Schwarz wegen 41. Tg6:! nicht einlassen.

39.	Sh6—g4	Tc3×d3

Ein verzweifelter Versuch, Gegenspiel zu erlangen.

40.	Tf3×d3	Lg6×e4
41.	Td3—e3	Se8—d6
42.	Sg4×e5	Le4—f5
43.	Tf2×f5!	

Sämischs schönste Kombination!

43.	. . .	Sd6×f5
44.	Se5—g6+	Kh8—g8
45.	Te3—e7!!	

Diese Position trat seinerzeit eine Reise durch die Schachpresse der Welt an. Alle weißen Figuren „hängen" in der Luft. Einfacher und zwingender war allerdings 45. Se7+.

45.	. . .	Tf8—f7

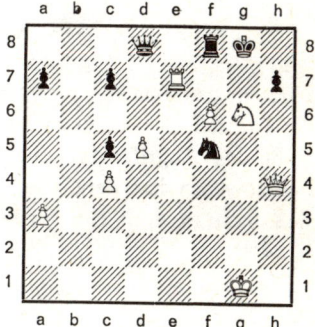

Die Dame darf wegen 46. Tg7 matt nicht geschlagen werden, der Springer nicht wegen 46. Dh7 matt und der Turm nicht wegen 46. fe. Wenn 45. . . . h6, so 46. Dh6:!

46.	Te7×f7	Kg8×f7
47.	Sg6—e5+	Kf7—f8
48.	Dh4×h7	

Schwarz gab auf (Df6: 49. Sd7+). Für diese Leistung erhielt Sämisch den 1. Schönheitspreis.

Kurt Richter (geb. 1900 in Berlin) ist der kampfeslustigste unter den deutschen Meistern, dessen Angriffspartien von Ideen sprühen. 1935 wurde er „Meister von Deutschland". Richter ist als Schriftleiter der „Deutschen Schachblätter" und durch viele beliebte Schachwerke, in denen er gern originelle kombinatorische Wendungen präsentiert, weltbekannt geworden. Hier eine der Partien, die ihm den Beinamen „Scharfrichter von Berlin" eingetragen haben.

Mittelgambit in der Nachhand
Dr. Dührssen—K. Richter
Berlin 1934

1.	e2—e4	e7—e5
2.	Sg1—f3	d7—d5

Diese gambitartige Spielweise bevorzugte Richter in leichten Partien. Sie gilt nicht als empfehlenswert, bietet jedoch Chancen.

3.	e4×d5	

Als günstig für Weiß wird 3. Se5:! de 4. Lc4 Dg5 5. Lf7:+ Ke7 6. d4 Dg2: 7. Tf1 Lh3 8. Lc4 angesehen.

3.	. . .	e5—e4

Für den geopferten Bauern übernimmt Schwarz den Angriff. Schon Dr. Tarrasch hat immer wieder betont, man solle nicht „das Erstgeburtsrecht des Angriffs für das Linsengericht eines Bauern" hergeben. Nimzowitsch hat dem aber, und wohl mit Recht, entgegengesetzt, daß man es doch tun dürfe, falls es sich um einen Mittelbauern handele.

4.	Sf3—e5	

Die Theorie kennt nur 4. De2 Sf6 (oder De7 5. Sd4 De5 6. Sb5 Ld6 7. d4 De7 8. c4) 5. Sc3 Le7 6. Se4: Sd5: 7. Sc3 Sb6 8. d3 mit einem Bauern mehr für Weiß.

4.	. . .	Sg8—f6
5.	Lf1—b5+	Sb8—d7
6.	d2—d4	e4×d3 e. p.

7.	Dd1×d3	Lf8–b4+
8.	Lc1–d2	Lb4×d2+
9.	Sb1×d2	0–0

Jetzt droht Se5:, und deswegen kommt Weiß nicht zur Rochade. Schwarz dürfte nun für den geopferten Bauern schon genügend Spiel haben.

10.	Se5×d7	Tf8–e8+
11.	Ke1–f1	Lc8×d7
12.	Lb5–c4	Sf6–g4
13.	Sd2–f3	Dd8–f6
14.	Dd3–d4	Sg4–e5
15.	Sf3×e5	Te8×e5
16.	c2–c3	

Weiß mußte mit Te1+ rechnen.

16.	...	Ta8–e8
17.	f2–f3	

Weiß beabsichtigt nun, seine Entwicklung mit Kf2 nebst The1 zu vervollständigen. Wie Richter seinen Partner an der Ausführung dieses Planes zu hindern versteht, zeigt seine besondere Begabung für Angriffe dieser Art.

17.	...	c7–c5!!

Bauernopfer sind die feinsten Opfer im Schach! Durch die Preisgabe zweier Bauern lotst der Schwarze die beiden aktiven weißen Figuren auf weniger günstige Plätze und bringt sie in Abhängigkeit voneinander.

18. Dd4×c5

Bei 18. Df2 b5 19. Ld3 Td5: hätte Schwarz den Bauern bei über-
legener Stellung zurückgewonnen.

18.	. . .	b7–b5!
19.	Lc4×b5	Df6–h4!

Jetzt zeigt sich, was Richter bei seinem doppelten Bauernopfer im Sinn
gehabt hatte: die D ist an den Lb5 gebunden und kann das auf e1
drohende Matt nicht abwehren. Weiß muß daher zu einem schwächenden Bauernzuge greifen.

20.	g2–g3	Dh4–h5!

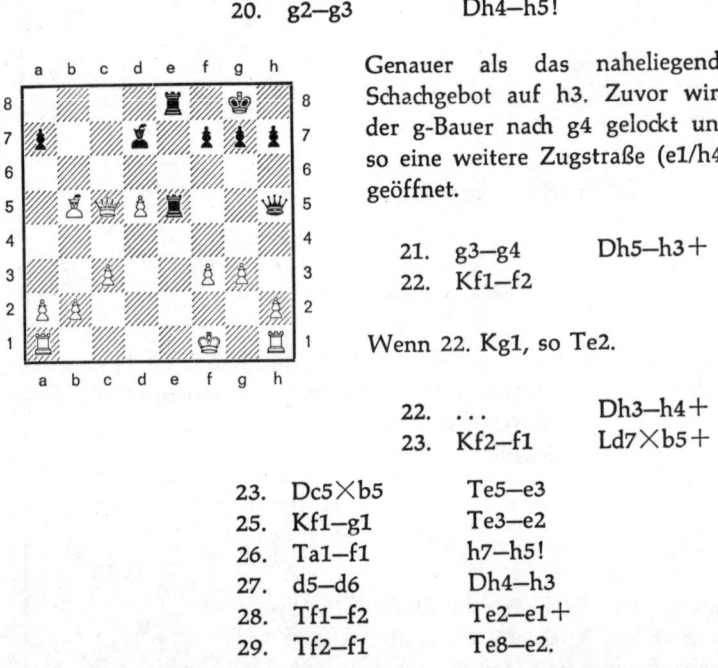

Genauer als das naheliegende
Schachgebot auf h3. Zuvor wird
der g-Bauer nach g4 gelockt und
so eine weitere Zugstraße (e1/h4)
geöffnet.

21.	g3–g4	Dh5–h3 +
22.	Kf1–f2	

Wenn 22. Kg1, so Te2.

22.	. . .	Dh3–h4 +
23.	Kf2–f1	Ld7×b5 +

23.	Dc5×b5	Te5–e3
25.	Kf1–g1	Te3–e2
26.	Ta1–f1	h7–h5!
27.	d5–d6	Dh4–h3
28.	Tf1–f2	Te2–e1 +
29.	Tf2–f1	Te8–e2.

Weiß gab auf. Der verwirrende Stil, den Richter hier vorführt, wurde
später auch von dem lettischen Großmeister Tal (Weltmeister 1960/61)
vollendet praktiziert. Die Partie ist ein Musterbeispiel für den Angriff
gegen den seines Rochaderechts beraubten König.

Wolfgang Unzicker (geb. 1925 in Pirmasens) ist die am stärksten ausgeprägte Spielerpersönlichkeit der nach dem Kriege an die Spitze drängenden Meister. Schon die Leistung, sechsmal den Titel „Deutschlandmeister" an sich zu bringen (1948, 1950, 1953, 1954, 1959 und 1963), ist einmalig. Die FIDE verlieh ihm den Titel „Internationaler Großmeister", und auf vielen „Schacholympiaden" wußte er sich dieses Titels würdig zu erweisen. Einen seiner schönsten Siege errang Unzicker gegen den damaligen Weltmeister Botwinnik bei der Europa-Mannschaftsmeisterschaft in Oberhausen 1961.

Französisch
Unzicker—Botwinnik

1.	e2—e4	e7—e6
2.	d2—d4	d7—d5

Das war lange Jahre Botwinniks bevorzugte Spielweise. Nach dieser Niederlage ist er, soviel bekannt, nicht mehr darauf zurückgekommen. Er ging, und zwar mit bemerkenswertem Erfolg, auf Caro-Kann (1. e4 c6) über.

3.	Sb1—c3	Lf8—b4

Ein von Nimzowitsch empfohlener Zug, der heutzutage gegenüber 3. . . . Sf6 vorherrscht.

4.	e4—e5	c7—c5
5.	a2—a3	Lb4×c3+

Auch 5. . . . La5 6. b4 cd ist spielbar.

6.	b2×c3	

Schwarz hat gewisse Chancen am Damenflügel, Weiß am Königsflügel. Das weiße Läuferpaar ist bei der geschlossenen Bauernformation nicht ohne weiteres zur Geltung zu bringen.

6.	. . .	Dd8—c7
7.	Sg1—f3	

Gebräuchlicher ist 7. Dg4 f5, eine Variante, die Botwinnik genau kennt. Unzicker erweist sich als guter Psychologe, da er seinen Gegner vermutlich um die Früchte gründlicher Vorstudien bringt.

7.	...	Sg8—e7
8.	Lf1—d3	Lc8—d7
9.	a3—a4	

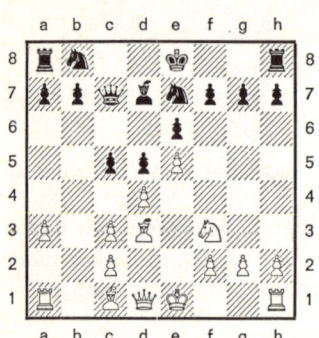

Ein wichtiger Zug, der dem Blokkadezug La4 vorbeugt. Zwar kann Ba4 schwach werden, in Anbetracht der wichtigen Zugstraße, die der Lc1 auf a3 findet, muß das in Kauf genommen werden.

9.	...	Sb8—c6
10.	Dd1—d2	h7—h6

„Auf 10. ... c4 11. Le2 f6 12. ef gf könnte 13. Dh6 unangenehm werden. Daraus folgt, daß die schwarze Dame auf a5 günstiger als auf c7 steht" (Unzicker in „Vierzig eigene Partien").

11.	0—0	c5—c4
12.	Ld3—e2	a7—a5

Nach der Partie war Botwinnik mit diesem Zuge nicht mehr zufrieden. Er hielt die sofortige Rochade für zweckmäßiger, als den Ba4 festzulegen.

13.	Lc1—a3	Sc6—a7
14.	g2—g3	Sa7—c8
15.	Sf3—h4	Dc7—d8(?)

Ein unnötiger Zug, an dessen Stelle unverzüglich Sf5 geschehen sollte. Von hier ab gerät die schwarze Partie auf die schiefe Ebene. Unzicker nimmt seine Chance mit tödlicher Folgerichtigkeit wahr.

16.	f2–f4	Se7–f5
17.	Sh4×f5	e6×f5
18.	Le2–f3	Ld7–e6

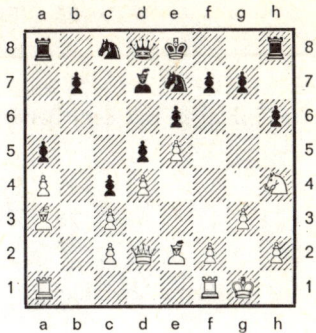

Auf 18. ... La4: wäre vermutlich
19. Dg2 Lc6 20. g4 gefolgt.

19.	Tf1–b1	b7–b6
20.	Dd2–g2!	

Mit starker Wirkung auf der Schrägen (gegen d5) und der -g-Linie.

20.	...	Ta8–a7

Auf 20. ... h5 wollte Unzicker 21. Tb5 Sa7 22. Td5: Ld5: 23. Ld5: Tc8 24. e6 „mit klarer Gewinnstellung" spielen.

21.	Tb1–b5	Ta7–d7
22.	g3–g4!	Sc8–e7

Botwinnik ist ein eiserner Verteidiger. Mit Recht hat er sich von 22. ... fg 23. Lg4: Lg4: 24. Dg4: g6 25. e6 Tc7 26. Te1 (eine der treffenden Analysen Unzickers in dem erwähnten Buch) nichts versprochen.

23.	La3×e7	Ke8×e7
	(siehe Diagramm)	
24.	Kg1–h1	

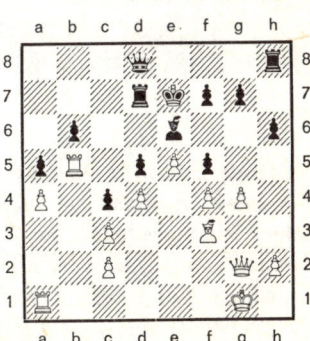

Keine Übereilung! Verwicklungen, die dem Weltmeister gelegen kämen, entstünden nach 24. gf Lf5: 25. Ld5: g5 26. fg Tg8. Schwarz muß nach dem Zug, der den König aus der g-Linie entfernt, auch mit 25. gf nebst 26. Dg7: rechnen.

24.	...	g7–g6

Nach dem 23. Zuge

25.	Ta1—b1	Ke7—f8
26.	g4×f5	Le6×f5

Das Schlagen mit dem Bauern war schon wegen 27. Tg1 unbequem

27.	Lf3×d5	Dd8—h4
28.	Ld5—e4!	

Eine glasklare Abwicklung.

28.	...	Dh4×f4
29.	Le4×f5	g6×f5

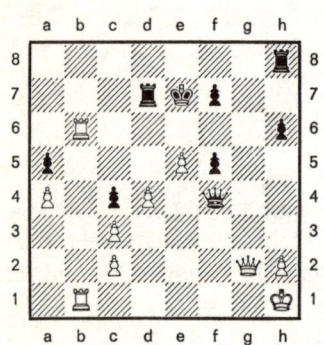

Ebensowenig rettet 29. ... Df5: wegen 30. Tb6: Kg7 31. Tf6 Dg5 32. Df3 (Unzicker).

30.	Tb5×b6	Kf8—e7
31.	e5—e6!	

Schwarz gab auf, denn 31. ... fe scheidet wegen 32. Dg7+ aus. Auf 31. ... Tc7 käme 32. Tf1 Dg5 33. Dd5 Td8 34. De5, auf 31. ... Td6 32. Db7+ Ke6: 33. Td6:+. Eine ganz große Partie.

Lothar Schmid (geb. 1928 in Radebeul), ebenso wie Unzicker Großmeister, nimmt seit 1950 einen der vordersten Plätze im deutschen Schachgeschehen ein. Er ist der einzige, der bis 1964 bei allen Länderkämpfen des Weltschachbundes (Schacholympiaden) aktiv gewesen ist. Vor einigen Jahren war er Vizeweltmeister im Fernschach (durch Briefwechsel). Sein feinsinniges Positionsspiel ist von gedanklicher Tiefe, sein kombinatorischer Weitblick sucht seinesgleichen. Nur an physischer Stärke scheint es mitunter zu hapern.

Englisch

Schmid—Golombek (England)

Schacholympiade Leipzig 1960

1.	c2—c4	Sg8—f6
2.	Sb1—c3	d7—d5
3.	c4×d5	Sf6×d5
4.	Sg1—f3	Sd5×c3
5.	b2×c3	g7—g6

Die Stellung entstammt dem Genre der Grünfeld-Verteidigung (1. d4 Sf6 2. c4 g6 3. Sc3 d5).

6.	e2—e3

Weiß will auf 6. ... c5 7. Lb5+ spielen. Wenn dann Ld7, so 8. Lc4 mit der Drohung Db3. Wenn Sd7, so 8. a4

6.	...	Lf8—g7
7.	Lc1—a3	Sb8—d7
8.	d2—d4	c7—c5
9.	Dd1—b3	0—0
10.	Lf1—e2	Dd8—c7
11.	0—0	b7—b6

Oder Tb8 12. c4.

12.	Ta1—d1	Lc8—b7
13.	d4—d5	

Weiß beginnt sich zu regen. Die Lage ist für ihn schon recht günstig.

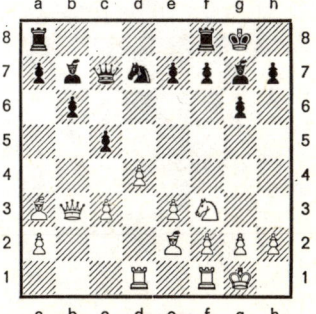

13.	...	Ta8—d8
14.	c3—c4	Tf8—e8

Das sieht nicht sehr glücklich aus. Mehr bot vielleicht 14. ... Se5.

Auf 14. . . . Sf6 könnte, wie in der Partie, 15. Lb2 folgen mit der Absicht 16. Le5 nebst a2—a4 und Angriffsmöglichkeiten auf beiden Flügeln.

15. La3—b2   f7—f6

Eine überraschende Idee. Schwarz will den Läufer g7 behalten und strebt Spiel im Zentrum an. Die ernste Schwächung des Königsflügels läßt sich freilich nicht übersehen. Gleichwohl ist der richtige Plan für Weiß nicht leicht zu finden.

16. a2—a4   e7—e6
17. Lb2—c3!

Ein vielseitiger Zug.

17. ...   Kg8—h8
18. h2—h4

Schmid nimmt den Gegner von beiden Flügeln aus in die Zange.

18. ...   e6×d5
19. c4×d5   Sd7—f8
(siehe Diagramm)
20. h4—h5

Die Drohung h5—h6 bringt für Schwarz Unannehmlichkeiten mit sich. Er muß sich wohl oder übel zum schwächenden Schlagen auf h5 entschließen.

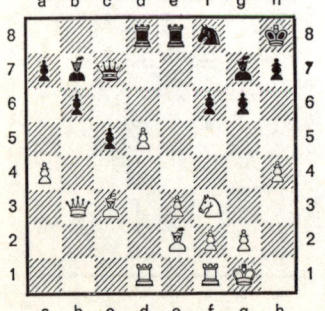

Nach dem 19. Zuge

20. ...   g6×h5
21. Sf3—h4

Droht nicht nur 22. Lh5:, sondern noch stärker 22. Sf5! Schwarz beschließt daher ein Gegenmanöver, um den Weißen von seinem Plan abzubringen.

21.	...	c5—c4

Auf 21. ... Lc8 käme 22. Dc2.

22.	Le2×c4

Das mußte haarscharf berechnet werden. Von 22. Db2 nahm Weiß wegen 22. ... Td5: 23. Td5: Ld5: 24. Lf6: c3! Abstand.

22.	...	Td8—c8

Fruchtlos bliebe 22. ... Te4 wegen 23. Td4.

23.	Td1—d4

Verlockend, jedoch falsch wäre 23. Lb5 Te4! 24. Td4 Th4:.

23.	...	Lb7×d5

Schwarz hat den Bauern zurück. Durch sein Manöver sind allerdings die „Löcher" in der Nähe des Königs für Weiß leichter zugänglich geworden. Die weißen Figuren stehen zudem durchweg wirkungsvoller.

24.	Lc4×d5	Dc7×c3
25.	Db3—d1	Te8—e5
26.	Dd1—f3	

Ein Gewitter braut sich zusammen.

26.	...	Tc8—d8
27.	Sh4—f5	Sf8—g6

Wenn 27. ... Dc8, so 28. e4 nebst Tfd1 (mit der Eventualabsicht Lb7).

(siehe Diagramm)

28.	Tf1—d1!

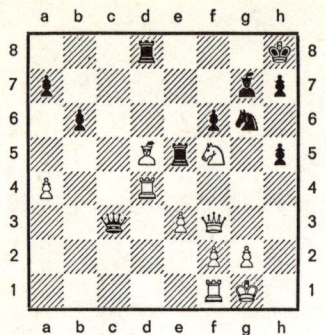

Nicht aber 28. Sh6 wegen T8d5: 29. Td5: Lh6: 30. Df6:+ Kg8 und Weiß erreicht nichts. Jetzt droht aber diese Kombination, weil Weiß die Pointe Te5: nebst Td8+ geschaffen hat.

28.   ...   Dc3—c5

Länger widerstand 28. ... Dc7, rettet freilich nicht. Angriffsideen für Weiß sind dann 29. Le4 Td4: 30. Td4: nebst Dh5, oder auch 29. Lb3 Td4: 30. Td4: nebst Sd6.

29.   Sf5—h6!

Jetzt ist dieser hübsche Zug klarer als vorhin, weil nach 29. ... Td5: 30. Td5: Td5: 31. Td5: Dc1+ 32. Td1 die Dame angegriffen bleibt.

29.   ...   Te5—e7
30.   Sh6—f7+   Te7×f7
31.   Ld5×f7   Td8×d4
32.   e3×d4   Dc5—f8
33.   Df3—b7. Schwarz gab auf. Weiß hat die

Qualität mehr und einen starken Freibauern — das ist zuviel.

Nachsatz

Leider verbietet es der begrenzte Platz, weitere Beispiele ausgezeichneter deutscher Schachspieler der Gegenwart (erwähnt seien nur Großmeister Klaus Darga, Berlin und die Meister Dr. Heinz Lehmann, Berlin und Helmut Pfleger, Bamberg) zu bringen. Manch gute Plazierung der Bundesrepublik Deutschland in Einzel- und Mannschaftsmeisterschaften beweist, daß das deutsche Schach wieder Weltgeltung hat.

96

Verlags-Verzeichnis

Hobby

Moderne Fotopraxis. Bildgestaltung – Aufnahmepraxis – Kameratechnik – Fotolexikon. (4030) Von Wolfgang Freihen, 304 Seiten, davon 50 vierfarbig, gebunden, mit Schutzumschlag, **DM 29,80**
Moderne Schmalfilmpraxis. Ausrüstungen · Drehbuch · Aufnahme · Schnitt · Vertonung
(4043) Von Uwe Ney, 328 Seiten mit über 200 Abbildungen, teils vierfarbig, Balacron mit vierfarbigem Schutzumschlag, **DM 29,80**
Schmalfilmen. Ausrüstung – Aufnahmepraxis – Schnitt und Ton. (0342) Von Uwe Ney, 100 Seiten, 4 Farbtafeln und 25 Abbildungen, kartoniert, **DM 6,80**
Briefmarken sammeln für Anfänger (0481) Von Dieter Stein, 128 S., mit zahlreichen Abbildungen, kartoniert, **DM 7,80**
Münzen. Ein Brevier für Sammler. (0353) Von Erhard Dehnke, 128 Seiten, 30 Abbildungen – teils farbig, kartoniert, **DM 9,80**
Münzen sammeln nach Motiven. (0480) Von Armin Haug, 176 S., mit 93 Abbildungen, kartoniert, **DM 14,80**
Papiergeld. Ein Brevier für Sammler. (0501) Von Albert Pick, ca, 128 Seiten, Abbildungen, kartoniert, ca. **DM 8,80***
Ikebana. Band 1: Moribana-Schalenarrangements. (0300) Von Gabriele Vocke, 164 Seiten, 40 großformatige Vierfarbtafeln, 66 Schwarzweißfotos und Graphiken, gebunden, **DM 19,80**
Ikebana. Band 2: Nageire-Vasenarrangements. (0348) Von Gabriele Vocke, 160 Seiten, 32 Farbtafeln, 73 Abbildungen, gebunden, **DM 19,80**
Arbeitsheft zum Lehrbuch Ikebana. (0319) Von Gabriele Vocke, 79 Seiten, 16 Graphiken, kartoniert, **DM 6,80**
Blumengestecke im Ikebanastil. (5041) Von Gabriele Vocke, 64 Seiten mit 37 vierfarbigen Abbildungen und vielen Zeichnungen, kartoniert, **DM 14,80**
Ikebana modern. (4031) Von Gabriele Vocke, 168 Seiten, davon 40 ganzseitige Vierfarbtafeln und mit vielen Zeichnungen, Ganzleinen mit vierfarbigem cellophaniertem Schutzumschlag, **DM 36,–**
Blumen arrangieren. Zauberhafte Gestecke im Ikebana-Stil. (4049) Von Gabriele Vocke, 160 Seiten mit 31 Farbtafeln und über 70 Zeichnungen, gebunden mit Schutzumschlag, **DM 36,–**
Bauernmalerei – leicht gemacht. (5039) Von Senta Ramos, 64 Seiten, 78 vierfarbige Abbildungen, Pappband, **DM 9,80**
Hobby-Bauernmalerei. (0436) Von Senta Ramos und Jo Roszak, 80 Seiten mit 116 Farbabbildungen und 28 Motivvorlagen, kartoniert, **DM 13,80**
Bauernmalerei als Kunst und Hobby. (4057) Von Arbo Gast und Hannie Stegmüller, 128 Seiten, 239 Farbfotos und 26 Riß-Zeichnungen, gebunden, mit vierfarbigem Schutzumschlag, **DM 29,80**
Arbeiten mit Ton. (5048) Von Johann Fricke, Fernsehbegleitbuch, 128 Seiten mit 166 Schwarzweißfotos und 15 Farbtafeln, kartoniert, **DM 14,80**
Töpfern als Kunst und Hobby (4073) Von Johann Fricke, 132 S., davon 37 vierfarb., 222 Schwarzweißfotos, gbd., mit Schutzumschlag, **DM 29,80**
Keramik kreativ gestalten. (5072) Von Ewald Stark, 64 Seiten, 117 Farbfotos und 2 Zeichnungen, Pappband, **DM 9,80**
Zinngießen leicht gemacht. (5076) Von Käthi Knauth, 64 Seiten, 85 Farbfotos, Pappband, **DM 9,80**
Modellieren mit selbsthärtendem Material. (5085) Von Klaus Reinhardt, 64 Seiten, 93 Farbfotos, Pappband, **DM 9,80**

Falken Verlag GmbH · Postfach 1120 · D-6272 Niedernhausen/Ts. · Tel. 0 61 27/30 11-15 · Telex 04-186 585 fves d

Hobby Holzschnitzen. Von der Astholzfigur zur Vollplastik. (5101) Von Heinz-D. Wilden, 112 Seiten, farbige und schwarzweiße Abbildungen und Skizzen, ca. **DM 12,80***

Schmuck und Objekte aus Metall und Email (5078) Von Johann Fricke, 120 Seiten, 183 farbige und schwarzweiße Abbildungen, kartoniert, **DM 16,80**

Hinterglasmalerei – leicht gemacht. (5062) Von Horst Hennicke, 64 Seiten, 63 Abbildungen, 2 Zeichnungen, durchgehend vierfarbig, Pappband, **DM 9,80**

Transparente Glasmalerei – leicht gemacht. (5064) Von Felizitas Krettek, 64 Seiten mit 62 vierfarbigen Abbildungen, Pappband, **DM 9,80**

Ölmalerei leicht gemacht. (5073) Von Heiner Karsten, 64 Seiten, 62 Farbfotos, Pappband, **DM 9,80**

Naive Malerei leicht gemacht. (5083) Von Felizitas Krettek, 64 Seiten, 76 Farbfotos, Pappband, **DM 9,80**

Stoffmalerei und Stoffdruck leicht gemacht. (5074) Von Heide Gehring, 64 Seiten, 110 Farbfotos, Pappband, **DM 9,80**

Zugeschaut und mitgebaut Band 1. Helmut Scheuer im Hobby-Keller – ein ZDF-Fernsehbegleitbuch. (5031) Von Helmut Scheuer, 96 Seiten, 218 Farbabbildungen und Schwarzweißfotos, kartoniert, **DM 14,80**

Zugeschaut und mitgebaut Band 2. Helmut Scheuer im Hobby-Keller. (5061) Von und mit Helmut Scheuer, 120 Seiten mit 277 farbigen und schwarzweißen Abbildungen, kartoniert, **DM 14,80**

Zugeschaut und mitgebaut Band 3. (5077) Von Helmut Scheuer, 120 Seiten, 291 farbige und schwarzweiße Abbildungen, kartoniert, **DM 14,80**

Zugeschaut und mitgebaut Band 4. Helmut Scheuer im Hobbykeller. (5093) Von Helmut Scheuer, 120 S., mit 122 farbigen und 113 schwarzweißen Abbildungen, kartoniert, **DM 14,80**

Hobby-Basteln, Freizeit-Werken. (4050) Herausgegeben von Diethelm Reichart, 320 Seiten mit 400 Abbildungen, größtenteils vierfarbig, gebunden, mit Schutzumschlag. **DM 39,–**

Das große farbige Bastelbuch. (4018) Von Friederike Baresel-Anderle, 248 Seiten, über 300 vierfarbige Abbildungen, Pappband, **DM 14,80**

Papier-Basteleien. (0406) Von Lena Nessle, 96 Seiten, 84 Fotos und 70 Zeichnungen, teils zweifarbig, kartoniert, **DM 6,80**

Phantasieblumen aus Strumpfgewebe, Tauchlack, Papier, Federn (5091) Von Ruth Scholz-Peters, 64 S., mit 70 Farbfotos, Pbd., **DM 9,80**

Glückwunschkarten und Kalender selbst basteln. (0467) Von Gertraud Mayr, 95 Seiten, 288 Zeichnungen, kartoniert, **DM 6,80**

Trockenblumen und Gewürzsträuße. (5084) Von Gabriele Vocke, 64 Seiten, 63 Farbfotos, Pappband, **DM 9,80**

Origami – die Kunst des Papierfaltens. (0280) Von Robert Harbin, 160 Seiten, über 600 Zeichnungen, kartoniert, **DM 8,80**

Ferngelenkte Motorflugmodelle – bauen und fliegen. (0400) Von Werner Thies, 184 Seiten mit Zeichnungen und Detailplänen, kartoniert, **DM 12,80**

Flugmodelle bauen und einfliegen. (0361) Von Werner Thies und Willi Rolf, 160 Seiten, 63 Abbildungen und 7 Faltpläne, kartoniert, **DM 9,80**

Ferngelenkte Segelflugmodelle bauen und fliegen. (0446) Von Werner Thies, 176 Seiten, 22 Fotos und 115 Zeichnungen, kartoniert, **DM 14,80**

Schiffsmodelle selber bauen. (0500) Von Dietmar und Reinhard Lochner, ca. 160 Seiten, 94 Abbildungen, kartoniert, ca. **DM 16,80***

CB-Code. Wörterbuch und Technik. (0435) Von Richard Kerler, 120 Seiten mit technischen Abbildungen, kartoniert, **DM 7,80**

Findet den ersten Stein! Mineralien, Steine und Fossilien. Grundkenntnisse für Hobby-Sammler. (0437) Von Dieter Stobbe, 96 Seiten, 16 Farbtafeln, 14 Fotos und 10 Zeichnungen, kartoniert, **DM 9,80**

Mineralien und Steine. Farben – Formen – Fundorte. (0409) Von Rudolf Graubner, 144 Seiten mit 90 Farbabbildungen, flexibel kartoniert, **DM 9,80**

Häkeln und Makramee. Techniken – Geräte – Arbeitsmuster. (0320) Von Dr. Marianne Stradal, 104 Seiten mit 191 Abbildungen und Schemata, kartoniert, **DM 6,80**

Makramee. Knüpfarbeiten leicht gemacht. (5075) Von Birte Pröttel, 64 Seiten, 95 Farbfotos, Pappband, **DM 9,80**

Flechten mit Bast, Stroh und Peddigrohr. (5098) Von Hanne Hangleiter, 64 Seiten, ca. 110 Abbildungen, Pappband, **DM 9,80***

Stricken, häkeln, loopen. (0205) Von Dr. Marianne Stradal, 96 Seiten, 100 Abbildungen, kartoniert, **DM 5,80**

Strick mit! Ein Kurs für Anfänger. (5094) Von Birte Pröttel, 120 Seiten, 72 vierfarbige und 188 schwarzweiße Abbildungen, kartoniert, **DM 14,80**

Stoff- und Kuscheltiere stricken, häkeln, nähen (5090) Von Birte Pröttel, 64 S., mit 50 Farbfotos, Pbd., **DM 9,80**

Selbstschneidern – mein Hobby. (0185) Von H. Wohlert, 128 Seiten, 233 Abbildungen, kartoniert, **DM 6,80**

Die Selbermachers renovieren ihre Wohnung. (5013) Von Wilfried Köhnemann, 148 Seiten, 374 Farbabbildungen, Zeichnungen und Fotos, kartoniert, **DM 14,80**

Selbst tapezieren und streichen. (0289) Von Dieter Heitmann, 116 Seiten, 67 Abbildungen, kartoniert, **DM 6,80**

Möbel aufarbeiten, reparieren und pflegen. (0386) Von E. Schnaus-Lorey, 96 Seiten, 104 Fotos und Zeichnungen, kartoniert, **DM 6,80**

Heimwerker-Handbuch. (0243) Von Bernd Käsch, 204 Seiten, 229 Fotos und Zeichnungen, kartoniert, **DM 9,80**

* Neuerscheinung. Preise waren bei Druckbeginn noch nicht endgültig festgelegt.

Sport

Die Erben Lilienthals. **Sportfliegen heute.** (4054) Von Günter Brinkmann, 240 Seiten, 32 Farbtafeln, 176 Schwarzweißfotos, 33 Zeichnungen, mit vierfarbigem Schutzumschlag, gbd., **DM 36,–**

Tennis. Technik – Taktik – Regeln. (0375) Von Harald Elschenbroich, 112 Seiten, 81 Abbildungen, kartoniert, **DM 6,80**

DUNLOP-Führer **Tennis-Hotels** 1979/80 (0489) Von Dr. Werner Jopp, 244 S., kart., **DM 14,80**

Frust und Freud beim Tennis. Psychologische Studien der Spielertypen und Verhaltensweisen. (4079) Von S. H. Cath., A. Kahn, N. Cobb., ca. 176 Seiten gebunden, mit Schutzumschlag, ca. **DM 14,80***

Squash. Ausrüstung – Technik – Regeln. (0389) Von Knut Fricke, 84 Seiten, 90 Abbildungen und Zeichnungen, kartoniert, **DM 9,80**

Tischtennis – modern gespielt, mit TT-Quiz 17:21. (0363) Von Ossi Brucker und Tibor Harangozo, 120 Seiten, 65 Abbildungen, kartoniert, **DM 9,80**

Basketball. Übungen und Technik für Schule und Verein. (0279) Von Chris Kyriasoglou, 116 Seiten mit 252 Übungen zur Basketballtechnik, 186 Fotos und 164 Zeichnungen, kartoniert, **DM 12,80**

Budo-Lexikon. 1500 Fachausdrücke fernöstlicher Kampfsportarten. (0383) Von Herbert Velte, 138 Seiten, 95 Abbildungen, kartoniert, **DM 9,80**
Budo-Weisheiten – und praktische Ratschläge. (0408) Herausgegeben von Herbert Velte, 80 Seiten, 8 Zeichnungen, kartoniert, **DM 9,80**
Budo-Karikaturen. Gezeichnete Witze über fernöstliche Kampfsportarten. (0504) Von Herbert Velte und Peter Raab, 112 Seiten, kartoniert, **DM 9,80**
Bruce Lee. Sein Leben und Kampf. Von seiner Frau Linda. (0392) Deutsch von W. Nottrodt, 182 Seiten mit vielen Abbildungen, **DM 16,80**

FALKEN + OHARA.
Ein Exklusivabkommen mit dem weltgrößten Budo-Verlag OHARA, USA, ermöglicht es Falken, diese wichtige Produktion nun auch in deutscher Sprache dem Interessierten zugänglich zu machen.

Bruce Lees Jeet Kune Do. (0440) Von Bruce Lee, übersetzt von Hans-Jürgen Hesse, 192 Seiten, mit 105 eigenhändigen Zeichnungen von Bruce Lee, kartoniert, **DM 19,80**
Bruce Lees Kampfstil 1. Grundtechniken (0473)Von Bruce Lee und M. Uyehara, deutsch von Hans-Jürgen Hesse, 109 Seiten, 220 Abbildungen, kartoniert, **DM 9,80**
Bruce Lees Kampfstil 2. Selbstverteidigungs-Techniken (0486) Von Bruce Lee, M. Uyehara, 128 S., mit 310 Fotos, kartoniert, **DM 9,80**
Bruce Lees Kampfstil 3. Trainingslehre. (0503) Von Bruce Lee und M. Uyehara, 128 Seiten, 246 Abbildungen, kartoniert, **DM 9,80***
Dynamische Tritte. Grundlagen für den Freikampf. (0438) Von Chong Lee, übersetzt von Manfred Pabst, 96 Seiten, 398 Fotos, 10 Zeichnungen, kartoniert, **DM 9,80**
Fußwürfe für Judo, Karate und Selbstverteidigung. (0439) Von Hayward Nishioka, übersetzt von Hans-Jürgen Hesse,
96 Seiten, 260 Abbildungen, kartoniert, **DM 9,80**
SAI. Karate-Waffe zur Selbstverteidigung (0472) Von Fumio Demura, deutsch von Hans-Jürgen Hesse, 156 Seiten, 608 Abbildungen, kartoniert, **DM 16,80**

* Neuerscheinung. Preise waren bei Druckbeginn noch nicht endgültig festgelegt.

Wissen und Technik

Der Sklave Calvisius. 150 n. Chr. Alltag in einer römischen Provinz (4058) Von Alice Ammermann, Tilman Röhrig, Gerhard Schmidt, 120 S., mit über 100 farbigen und schwarzweißen Abbildungen, Pappband, **DM 19,80**
Antiquitäten-(Ver)führer. Stilkunde – Wert – Echtheitsbestimmung. (5057) Von Margot Lutze, 128 Seiten, über 180 Abbildungen, durchgehend vierfarbig, Pappband, **DM 19,80**
Antiquitäten. (4105) Herausgegeben von Peter Philp, übersetzt von Britta Zorn, 144 Seiten, mit über 250 Abbildungen, davon 43 vierfarbig, gebunden, **DM 19,80**
Orientteppiche. Herkunft – Knüpfkunst – Echtheitsbestimmung. (5046) Von Horst Müller, 64 Seiten, 62 vierfarbige Abbildungen, Pappband, **DM 12,80**
Freizeit mit dem Mikroskop. (0291) Von Martin Deckart, 132 Seiten, 69 Fotos und 4 Zeichnungen, kartoniert, **DM 9,80**
Heiße Öfen. (5008) Von Horst Briel, 64 Seiten, 63 Farbabbildungen, Pappband, **DM 9,80**
Mofas, Mokicks, Heiße Öfen. Steckbriefe der meistgefahrenen Maschinen. (0513) Von Horst Briel, ca. 160 Seiten, ca. 160 farbige und schwarzweiße Abbildungen, kartoniert, ca. **DM 14,80***
Die schnellsten Motorräder der Welt. (4206) Von H. G. Isenberg und Dirk Maxeiner, 96 Seiten, 100 Farbabbildungen, Pappband, **DM 19,80**
Gebrauchtwagenpreise. Auf Basis der Erhebungen von Schwacke. (0490) Hrsg. von Hanns W. Schwacke, 128 S., kart., **DM 7,80**
Gebrauchtwagen-Preise. Frühjahr/Sommer 1980. (0519) Herausgegeben von Hanns W. Schwacke – Eurotax. ca. 160 Seiten, kartoniert, ca. **DM 7,80***
Die schnellsten Autos der Welt. (4201) Von H. G. Isenberg und Dirk Maxeiner, 96 Seiten, 110 Abbildungen, überwiegend vierfarbig, Pappband, **DM 19,80**
Autoreport. Fahrtechnik und Fahrverhalten. (5058) Erarbeitet unter der »Arbeitsgruppe Autoreport« unter Leitung von Klaus Schramböhmer, im Hause der Berolina-Film-TV, 71 Seiten, 113 Abbildungen, kartoniert, **DM 9,80**
Die rasantesten Rallyes der Welt (4213) Von Hans G. Isenberg, Dirk Maxeiner, 96 S., mit ca. 100 großformatigen Fotos, Pbd., **DM 19,80**

Die schnellsten Motorboote der Welt. (4210) Von Hans G. Isenberg, 96 Seiten, 104 großformatige Farbfotos, Pappband, **DM 19,80**

Dampflokomotiven. (4204) Von Werner Jopp, 96 Seiten, 134 Farbabbildungen, Pappband, **DM 19,80**

Wärme aus Kälte und Sonne. Moderne Techniken zur Wärmegewinnung. (0453) Von Gottfried Kludas, 176 Seiten, 46 Zeichnungen, kartoniert, **DM 16,80**

Keine Angst vorm Fliegen. (0463) Von Rudolf Braunburg und R. J. Pieritz, 159 Seiten, 15 Farbtafeln, 68 Schwarz-weißfotos, kartoniert, **DM 12,80**

Die tollsten Motorflugzeuge aller Zeiten. (4208) Von Richard J. Höhn und Hans G. Isenberg, 96 Seiten, 86 großformatige Farbfotos, Pappband, **DM 19,80**

Zivilflugzeuge. Vom Kleinflugzeug zum Überschalljet. (4218) Von Hans G. Isenberg und Richard J. Höhn, 96 Seiten, ca. 100 großformatige Farbfotos, Pappband, **DM 19,80***

* Neuerscheinung. Preise waren bei Druckbeginn noch nicht endgültig festgelegt.

Pflanzen, Garten, Tiere

Alpenblumen. (4202) Von Kurt Blüchel, 96 Seiten mit 80 Abbildungen, durchgehend vierfarbig, Pbd., **DM 19,80**

Faszination Berg zwischen Alpen und Himalaya (4214) Von Toni Hiebeler, 96 S., mit 100 großformatigen Farbfotos, Pbd., **DM 19,80**

Die farbige Kräuterfibel. (0245) Von Ingrid Gabriel, 196 Seiten, 142 Abbildungen, davon 49 farbig, Taschenbuch-format, gebunden, **DM 12,80**

Großes Kräuter- und Gewürzbuch. (4026) Von Heinz Görz, 584 Seiten, 40 Farbtafeln und 152 Abbildungen, gebunden mit Schutzumschlag, **DM 29,80**

Gemüse und Kräuter. Frisch und gesund aus eigenem Anbau. (5024) Von Mechthild Hahn, 64 Seiten, 71 Abbildungen, durchgehend vierfarbig, Pappband, **DM 9,80**

Arzneikräuter und Wildgemüse erkennen und benennen. (0459) Von Jörg Raithelhuber, 140 Seiten, 108 Farbfotos, kartoniert, **DM 12,80**

Die bunte Welt der Wiesenblumen. (4217) Von Friedrich Jantzen, 96 Seiten, 121 großformatige Farbfotos, Pappband, **DM 19,80***

Bäume und Sträucher erkennen und benennen. (0509) Von Jörg Raithelhuber, ca. 136 Seiten, ca. 100 Farbfotos, kartoniert, ca. DM **14,80***

Beeren und Waldfrüchte. erkennen und benennen – eßbar oder giftig? (0401) Von Jörg Raithelhuber, 136 Seiten, 90 Farbfotos, 40 s/w, kartoniert, **DM 12,80**

Das farbige Pilzbuch. (0215) Von K. und G. Kronberger, 132 Seiten, 105 farbige Abbildungen, gebunden, **DM 12,80**

Pilze erkennen und benennen. (0380) Von J. Raithelhuber, 136 Seiten, 106 Farbfotos, kartoniert, **DM 9,80**

Falken-Handbuch Pilze. Mit über 250 Farbfotos und Rezepten. (4061) Von Martin Knoop, 276 Seiten, 250 Farbfotos, 28 Zeichnungen, gebunden, mit vierfarbigem Schutzumschlag, **DM 36,00**

Fibel für Kakteenfreunde. (0199) Von H. Herold, 92 Seiten, 8 Farbtafeln, kartoniert, **DM 6,80**

Kakteen. Herkunft, Anzucht, Pflege. (5021) Von Werner Hoffmann, 64 Seiten, 70 Abbildungen, durchgehend vierfarbig, Pappband, **DM 9,80**

Faszinierende Formen und Farben Kakteen. (4211) Von Katharina und Franz Schild, 96 Seiten, 127 großformatige Farbfotos, Pappband, **DM 19,80**

Sukkulenten. Mittagsblumen, Lebende Steine, Wolfsmilchgewäche u. a. (5070) Von Werner Hoffmann, 64 Seiten, 82 Farbabbildungen, Pappband, **DM 9,80**

Orchideen. Eigenart – Schnittblumen – Topfkultur – Pflege. (5038) Von Dr. Gustav Schoser, 64 Seiten, 75 Farbfotos, Pappband, **DM 9,80**

Orchideen. (4215) Von Dr. Gustav Schoser, 143 S., mit 143 großform. Farbfotos, Pbd., **DM 19,80**

Zimmerpflanzen. (5010) Von Inge Manz, 64 Seiten, 98 Farbabbildungen, Pappband, **DM 9,80**

Hydrokultur. Pflanzen ohne Erde – mühelos gepflegt. (4080) Von Hans-August Rotter, ca. 120 Seiten, ca. 80 farbige und schwarzweiße Abbildungen und Zeichnungen, gebunden, ca. **DM 19,80***

Balkons in Blütenpracht zu allen Jahreszeiten. (5047) Von Nikolaus Uhl, 64 Seiten, 82 vierfarbige Abbildungen, Pappband, **DM 9,80**

Frühbeet und Kleingewächshaus. (5055) Von Dr. Gustav Schoser, 64 Seiten, 43 Farbfotos, durchgehend vierfarbig, Pappband, **DM 12,80**

Blumenpracht im Garten. (5014) Von Inge Manz, 64 Seiten, 93 Abbildungen, durchgehend vierfarbig, Pappband, **DM 9,80**

Arzneikräuter und Wildgemüse
erkennen und benennen
mit über 100 Farbfotos

Falken-Handbuch Pilze
über 250 Farbfotos und Rezepte
FALKEN VERLAG

Gerhard Bambach
Das Gartenjahr
Arbeitsplan für den Hobbygärtner
FALKEN VERLAG

Rosen. Arten – Pflanzung – Pflege. (5065) Von Inge Manz, 64 Seiten, 60 Farbfotos, 1 Zeichnung, Pappband, **DM 9,80**
Ziersträucher und -bäume im Garten. (5071) Von Inge Manz, 64 Seiten, 91 Farbabbildungen, Pappband, **DM 12,80**
Steingärten. Anlage – Pflanzen – Pflege (5092) Von Martin Haberer, 64 S., mit 90 Farbfotos, Pappband, **DM 9,80**
Der Obstgarten. Pflanzung · Pflege · Baumschnitt · Neuheiten. (5100) Von Joachim Zech, 64 Seiten, ca. 60 Farbfotos, Pappband, **DM 9,80***
Gärtnern. (5004) Von Inge Manz, 64 Seiten, 38 Farbabbildungen, Pappband, **DM 9,80**
Der Garten. Das moderne illustrierte Standardwerk (4044) Von Gerhard Bambach, unter Mitarbeit von Ulrich Kaiser, Wolfgang Velte und Joachim Zech, 826 Seiten mit über 800 Abbildungen und Gartenskizzen, teils vierfarbig, gebunden mit Schutzumschlag. **DM 39,–**
Das Gartenjahr. Arbeitsplan für draußen und drinnen. (4075) Von Gerhard Bambach, 152 Seiten, 16 Farbtafeln, viele Abbildungen, kartoniert, **DM 9,80***

Tiernamen-ABC für Züchter und Tierfreunde. (0372) Von Hans Schiefelbein, 104 Seiten, kartoniert, **DM 7,80**
Das Aquarium. Einrichtung, Pflege und Fische für Süß- und Meerwasser. (4029) Von Hans J. Mayland. 334 S. mit über 415 Farbabbildungen u. Farbtafeln sowie 150 Zeichnungen u. Skizzen, Balacron mit vierfarbigem Schutzumschlag, abwaschbare Polyleinprägung, **DM 36,–**
Das Süßwasser-Aquarium. Einrichtung – Pflege – Fische – Pflanzen. (0153) Von W. Baehr und H. J. Mayland, 132 Seiten, 163 Zeichnungen und 8 Farbtafeln, kartoniert, **DM 7,80**
Das Meerwasser-Aquarium. Einrichtung – Pflege – Fische und niedere Tiere. (0281) Von Hans J. Mayland, 146 Seiten, 258 Abbildungen, davon 30 farbig, kartoniert, **DM 9,80**
Aquarienpflanzen. Alles über den Unterwassergarten. (5032) Von Hans J. Mayland, 64 Seiten, über 100 Farbfotos und Zeichnungen, Pappband, **DM 14,80**
Aquarienfische des tropischen Süßwassers. (5003) Von Hans J. Mayland, 64 Seiten, 98 Farbabbildungen, Pappband, **DM 9,80**
Süßwasser-Aquaristik. Exotische Welt im Glas. (5080) Von Lothar Scheller, 64 Seiten, 67 Farbfotos und Zeichnungen, Pappband, **DM 12,80**
Süßwasser-Aquarienfische (4212) Von Burkard Kahl, 96 Seiten, 108 großformatige Farbfotos, Pappband, **DM 19,80**
Das Terrarium. (4069) Von Burkard Kahl, Paul Gaupp, Dr. Günter Schmidt, ca. 320 S., mit ca. 250 farb. Abb., gbd., mit vierfarb. Schutzumschl., ca. **DM 39,–***
Amphibien und Reptilien im Terrarium. Lebensgewohnheiten – Arten – Pflege. (5056) Von Kurt Rimpp, 64 Seiten, 70 Farbabbildungen, 19 Zeichnungen, durchgehend vierfarbig, Pappband, **DM 12,80**
Die lieben Haustiere. (5023) Von Justus Pfaue, 92 Seiten mit vielen Abbildungen, kartoniert, **DM 12,80**
Das neue Hundebuch. (0009) Von W. Busack, überarbeitet von Dr. med. vet. A. Hacker, 104 Seiten, zahlreiche Abbildungen auf Kunstdrucktafeln, kartoniert, **DM 6,80**
Hunde-Ausbildung. Verhalten – Gehorsam – Abrichtung. (0346) Von Prof. Dr. R. Menzel, 96 Seiten, 18 Fotos, kartoniert, **DM 7,80**
Der deutsche Schäferhund. (0073) Von Dr. Hacker, 104 Seiten, 24 Abbildungen auf Kunstdrucktafeln, kartoniert, **DM 6,80**
Falken-Handbuch Der Deutsche Schäferhund. (4077) Von Ursula Förster, ca. 240 Seiten, ca. 150 farbige und schwarzweiße Abbildungen sowie Zeichnungen, gebunden mit Schutzumschlag, ca. **26,80***
Hunde. Rassen – Erziehung – Haltung. (4209) Von Horst Bielfeld, 96 Seiten, 101 großformatige Farbfotos, Pappband, **DM 19,80**
Das neue Katzenbuch. Rassen – Aufzucht – Pflege. (0427) Von Brigitte Eilert-Overbeck, 128 Seiten, 14 Farbfotos und 26 schwarzweiß, kartoniert, **DM 7,80**
Katzen. Rassen · Haltung. Pflege · (4216) Von Brigitte Eilert-Overbeck, 96 Seiten, 82 großformatige Farbfotos, Pappband, **DM 19,80**
Vögel. Ein Beobachtungs- und Bestimmungsbuch. (0290) Von Dr. Winfried Potrykus, mit Zeichnungen von Ursula Grawert, 120 Seiten, 233 Abbildungen, davon 160 farbig, Pappband, **DM 12,80**
Ziervögel in Haus und Voliere. Arten – Verhalten – Pflege. (0377) Von Horst Bielfeld, 144 Seiten, 32 Farbfotos, kartoniert, **DM 9,80**
Schmetterlinge. Tagfalter Mitteleuropas erkennen und benennen. (0510) Von Thomas Ruckstuhl, 136 Seiten, ca. 100 Farbfotos, kartoniert, ca. **DM 14,80***
Ponys. Rassen, Haltung, Reiten (4205) Von Stefan Braun, 96 Seiten mit 84 Farbabbildungen, Pappband **DM 19,80**

* Neuerscheinung. Preise waren bei Druckbeginn noch nicht endgültig festgelegt.

Selbst Brotbacken mit über 50 erprobten Rezepten. (0370) Von Jens Schiermann, 80 Seiten, 6 Zeichnungen, 4 Farbtafeln, kartoniert, **DM 6,80**

Brotspezialitäten backen und kochen (5088) Von Jack W. Hochscheid, Lutz Helger, 64 S., mit 50 Farbfotos, Pbd., **DM 9,80**

Schönes Hobby: Backen. Erprobte Rezepte mit modernen Backformen. (0451) Von Elke Blome, 96 Seiten, 8 Farbtafeln, kartoniert, **DM 6,80**

Waffeln süß und pikant. (0522) Von Christiane Stephan, ca. 64 Seiten, 4 Farbtafeln, kartoniert, ca. **DM 6,80***

Kleingebäck. Plätzchen – Kekse – Guetzli (5089) Von Margrit Gutta, 64 S., mit 50 Farbfotos, Pbd., **DM 9,80**

Kuchen und Torten. (5067) Von Klaus Groth, 64 Seiten mit 42 Abbildungen, durchgehend vierfarbig, Pbd., **DM 9,80**

Gesunde Kost aus dem Römertopf. (0442) Von Jutta Kramer, 128 Seiten, 8 Farbtafeln, 13 Zeichnungen, kartoniert, **DM 7,80**

Gesund kochen – wasserarm und fettfrei. (4060) Von Margrit Gutta, 240 Seiten, 16 Farbtafeln, Pappband, **DM 19,80**

Salate für alle Gelegenheiten. (5002) Von Elke Fuhrmann, 64 Seiten, 47 Abbildungen, durchgehend vierfarbig, Pappband, **DM 9,80**

88 köstliche Salate. (0222) Von Christine Schönherr, 104 Seiten, 8 Farbtafeln, kartoniert, **DM 6,80**

Miekes Kräuter- und Gewürzkochbuch. (0323) Von Irmgard Persy und Klaus Mieke, 96 Seiten, 8 Farbtafeln, kartoniert, **DM 6,80**

Natursammlers Kochbuch. Wildfrüchte und -gemüse, Pilze, Kräuter – finden und zubereiten. (4040) Von Christa-Maria Kerler, 140 Seiten, 12 Farbtafeln, Pbd. mit vierfarbigem Überzug, **DM 19,80**

Kräuter- und Heilpflanzen-Kochbuch. (4066) Von Pia Pervenche, 152 Seiten, 15 Farbtafeln, in flexiblem Karton gebunden, **DM 9,80**

Garen im Herd. Rezepte für Brattöpfe. (0345) Von Eva Exner, 96 Seiten, 8 Farbtafeln, kartoniert, **DM 6,80**

Schnell gekocht – gut gekocht mit vielen Rezepten für Schnellkochtöpfe und Schnellbratpfannen. (0265) Von Irmgard Persy, 96 Seiten, 8 Farbtafeln, kartoniert, **DM 6,80**

Soßen. Die Krönung der feinen Küche. (0357) Von Giovanni Cavestri, 100 Seiten, 14 Farbtafeln, kartoniert, **DM 9,80**

Hobby-Kochbuch für Tiefkühlkost. Bunte TK-Fibel. (0302) Von Ruth Vollmer-Ruprecht, 104 Seiten, 8 Farbtafeln, kartoniert, **DM 6,80**

Einkochen nach allen Regeln der Kunst. (0405) Von Birgit Müller, 96 Seiten, 8 Farbtafeln, kartoniert, **DM 6,80**

Alles über Einkochen, Einlegen, Einfrieren. (4055) Von Birgit Müller, 152 Seiten, 15 Farbtafeln, in flexiblem Karton gebunden, **DM 9,80**

Alles mit Obst. Einkochen – Einlegen – Einfrieren. (0364) Von M. Hoff und B. Müller, 96 Seiten, 8 Farbtafeln, kartoniert, **DM 6,80**

Das neue Mikrowellen-Kochbuch (0434) Von Hermann Neu, 64 Seiten, 4 Farbtafeln, kartoniert, **DM 5,80**

Heißlufthterde. Vorteile, Gebrauchsanleitung, Rezepte. (0516) Von Christel Kölmel, ca. 80 Seiten, kartoniert, ca. **DM 6,80***

Fritieren – neu – geruchlos, schmackhaft und gesund. (0365) Von Marianne Bormio, 96 Seiten, 8 Farbtafeln, kartoniert, **DM 6,80**

Fondues. (5006) Von Eva Exner, 64 Seiten, 50 Abbildungen, durchgehend vierfarbig, Pappband, **DM 9,80**

Fondues und fritierte Leckerbissen (0471) Von Stefanie Stein, 80 S., 8 Farbtafeln, kartoniert, **DM 6,80**

Rezepte rund um Raclette und Hobby-Rechaud. (0420) Von Jack W. Hochscheid, 72 Seiten, 8 Farbtafeln, kartoniert, **DM 7,80**

Die neue Grillküche. Garen und backen im Quarz-Grill. (0419) Von Marianne Bormio, 80 Seiten, 8 Farbtafeln, kartoniert, **DM 7,80**

Grillen mit dem Kontaktgrill. (0441) Von Birgit Müller, 80 Seiten, 8 Farbtafeln und 29 Zeichnungen, kartoniert, **DM 7,80**

Leckereien vom Spieß und Grill. (0169) Von J. Zadar, 80 Seiten, 13 Abbildungen, kartoniert, **DM 5,80**

Grillen – drinnen und draußen. (4032) Von Claus Arius, 160 Seiten, 35 Farbabbildungen, gebunden, **DM 19,80**

Grillen – drinnen und draußen. (4047) Von Claus Arius, 152 Seiten, 30 Farbtafeln, in flexiblem Karton gebunden, **DM 9,80**

Grillen. (5001) Von Inge Zechmann, 64 Seiten, 38 Abbildungen, durchgehend vierfarbig, Pappband, **DM 9,80**

Max Inzingers 111 beste Rezepte. (4041) Von Max Inzinger, 124 Seiten, 35 Farbtafeln, kartoniert, **DM 19,80**

(4042) Gebundene Luxusausgabe mit Balacron und Goldprägung, **DM 26,–**

Der lachende Feinschmecker. Fred Metzlers Rezepte mit Pointen (0475) Von Fred Metzler, 136 S., mit Zeichnungen von Ferry Ahrlé, Pappband, **DM 12,80**

Kulinarische Genüsse für Verliebte. (4071) Von Claus Arius, ca. 112 Seiten, 16 Farbtafeln, gebunden, mit Schutzumschlag, ca. **DM 19,80***

Kalte Platten. (4064) Von Maître Pierre Pfister, 240 Seiten, 135 großformatige Farbfotos, gebunden, mit vierfarbigem Schutzumschlag, **DM 48,–**

Kalte Happen. und Partysnacks (5029) Von Dolly Peters, 64 Seiten, 35 vierfarbige Abbildungen, Pbd., **DM 9,80**

Kalte Platten – Kalte Büffets. (5015) Von Margrit Gutta, 64 Seiten, durchgehend vierfarbig mit 34 Farbabbildungen, Pbd., **DM 9,80**

Kleine kalte Küche für Alltag und Feste. (5097) Von Anneliese und Gerhard Eckert, 64 Seiten, ca. 45 Farbfotos, Pappband, **DM 9,80***

Kalte und warme Vorspeisen. einfach · herzhaft · raffiniert (5045) Von Karin Iden, 64 Seiten, 43 vierfarbige Abbildungen, Pbd., **DM 9,80**

Desserts. (5020) Von Margrit Gutta, 64 Seiten mit 38 Abbildungen, durchgehend vierfarbig, Pbd., **DM 9,80**

Fischküche. kalt und warm · mild und herzhaft (5052) Von Heidrun Gebhardt, 64 Seiten, 36 Abbildungen, durchgehend vierfarbig, Pbd., **DM 9,80**

Raffinierte Steaks. und andere Fleischgerichte (5043) Von Gerhard Eckert, 64 Seiten, 37 vierfarbige Abbildungen, Pbd., **DM 9,80**

Wild und Geflügel. (4056) Von Christine Schönherr, 256 Seiten, 122 großformatige Farbfotos, gebunden, mit vierfarbigem Schutzumschlag, **DM 48,–**

Geflügel. Die besten Rezepte aus aller Welt. (5050) Von Margrit Gutta, 64 Seiten, 32 Abbildungen, durchgehend vierfarbig, Pappband, **DM 9,80**

Köstliche Pizzas, Toasts, Pasteten. (5081) Von Anneliese und Gerhard Eckert, 64 Seiten, 48 Farbfotos, Pappband, **DM 9,80**

Die besten Eintöpfe und Aufläufe. (5079) Von Anneliese und Gerhard Eckert, 64 Seiten, 49 Farbfotos, Pappband, **DM 9,80**

Nudelgerichte – lecker, locker, leicht zu kochen. (0466) Von Christiane Stephan, 80 Seiten, 8 Farbtafeln, kartoniert, **DM 6,80**

Der schön gedeckte Tisch. (5005) Von Rolf Stender, 64 Seiten, 60 Abbildungen, durchgehend vierfarbig, Pappband, **DM 9,80**

Chinesisch kochen. (5011) Von Karl-Heinz Haß, 64 Seiten, 33 Farbabbildungen, Pbd., **DM 9,80**

Ostasiatische Küche schmackhaft und bekömmlich (5066) Von Taki Sozuki, 64 Seiten, mit 38 Abbildungen, durchgehend vierfarbig, Pbd., **DM 9,80**

Japanische Küche schmackhaft und bekömmlich (5087) Von Hiroko Toi, 64 S., mit ca. 50 Farbfotos, Pbd., **DM 9,80***

Deutsche Spezialitäten. (5025) Von R. Piwitt, 64 Seiten, 37 Abbildungen, durchgehend vierfarbig, Pbd., **DM 9,80**

Italienische Küche. (5026) Von Margrit Gutta, 64 Seiten, 33 Abbildungen, durchgehend vierfarbig, Pbd., **DM 9,80**

Französisch kochen. (5016) Von Margrit Gutta, 64 Seiten, durchgehend vierfarbig mit 35 Farbabbildungen, Pbd., **DM 9,80**

Spanische Küche. (5037) Von Margrit Gutta, 64 Seiten, 35 Abbildungen, durchgehend vierfarbig, Pappband, **DM 9,80**

Nordische Küche. Speisen und Getränke von der Küste. (5082) Von Jutta Kürtz, 64 Seiten, 44 Farbfotos, Pappband, **DM 9,80**

Dänische Küche. Nordische Tafelfreuden (5086) Von Holger Hofmann, 64 S., mit 50 Farbfotos, Pbd., **DM 9,80**

Rund um den Rum. Von der Feuerzangenbowle zum Karibiksteak. (5053) Von Holger Hofmann, 64 Seiten, 32 Abbildungen, durchgehend vierfarbig, Pappband, **DM 9,80**

Großes Getränkebuch. Wein · Sekt · Bier und Spirituosen aus aller Welt, pur und gemixt. (4039) Von Claus Arius, 288 Seiten mit Register, 179 teils großformatige Farbfotos, Balacron mit farbigem celloph. Schutzumschlag, Schuber, **DM 58,–**

Cocktails und Mixereien. (0075) Von J. Walker, 104 Seiten, 25 Zeichnungen, kartoniert, **DM 5,80**

Neue Cocktails und Drinks mit und ohne Alkohol. (0517) Von Siegfried Späth, 128 Seiten, 4 Farbtafeln, Pappband, ca. **DM 9,80***

Mixen mit und ohne Alkohol. (5017) Von Holger Hofmann, 64 Seiten, 35 Abbildungen, durchgehend vierfarbig, Pappband, **DM 9,80**

Tee für Genießer. (0356) Von Marianne Nicolin, 64 Seiten, 4 Farbtafeln, kartoniert, **DM 5,80**

Tee. Herkunft · Mischungen · Rezepte. (0515) Von Sonja Ruske, ca. 96 Seiten, 4 Farbtafeln und viele Abbildungen, Pappband, ca. **DM 9,80***

Rund um den Kaffee (0492) Von Holger Hofmann, ca. 96 S., mit 8 Farbtafeln, kartoniert, ca. **DM 6,80***

* Neuerscheinung. Preise waren bei Druckbeginn noch nicht endgültig festgelegt.

Der praktische Hausarzt. (4011) Unter Mitarbeit zahlreicher Fachärzte, koordiniert von Dr. Eric Weiser, 718 Seiten, 487 Abbildungen und 16 Farbtafeln, **DM 19,80**
Die Frau als Hausärztin. (4072) Von Dr. med. Anna Fischer-Dückelmann, 808 S., 16 Farbt., 174 Fotos, 238 Zeichn., Subskriptionspreis bis 30. 4. 80 **DM 49,80**, danach **DM 58,–**
Neue Rezepte für Diabetiker-Diät. Vollwertig – abwechslungsreich – kalorienarm. (0418) Von Monika Oehlrich, 120 Seiten, 8 Farbtafeln, kartoniert, **DM 9,80**
Schonkost heute. Vollwertige Ernährung für Gesunde und Magen-, Darm-, Galle-, Leber-Diät. (0360) Von Monika Oehlrich und Ulrike Schubert, 140 Seiten, 8 Farbtafeln, kartoniert, **DM 9,80**
Computer-Menüs zum Schlankwerden. Die 1000-Kalorien-Kost aus dem Computer. (0317) Von Dr. Maria Wagner und Ulrike Schubert, 92 Seiten mit vielen Tabellen, kartoniert, **DM 6,80**
Die neue leckere Diätküche. (5034) Von Ulrike Schubert, 64 Seiten, 30 Rezeptfotos, Pappband, **DM 9,80**
Die Brot-Diät – der Schlankheitsplan ohne Extreme. (0452) Von Prof. Dr. Erich Menden und Waltraute Aign, 92 Seiten, 8 Farbtafeln, kartoniert, **DM 9,80**
Kalorien · Joule. Eiweiß – Fett – Kohlehydrate tabellarisch nach gebräuchlichen Mengen. (0374) Von Marianne Bormio, 88 Seiten, kartoniert, **DM 4,80**
Rohkost – abwechslungsreich – schmackhaft – gesund. (5044) Von Ingrid Gabriel, 64 Seiten, 40 Abbildungen, durchgehend vierfarbig, Pappband, **DM 9,80**
Alles mit Joghurt. tagfrisch selbstgemacht mit vielen Rezepten (0382) Von Gerda Volz, 88 Seiten, 8 Farbtafeln, kartoniert, **DM 7,80**
Koch' mit Köpfchen. Iß das Richtige zum Schlankwerden. (0421) Von Max Inzinger, 92 Seiten, kartoniert, **DM 7,80**
Das große Hausbuch der Naturheilkunde. (4052) Von Gerhard Leibold, 386 Seiten, 18 Farbfotos und 8 schwarz-weiß, 196 Zeichnungen, gebunden mit vierfarbigem Schutzumschlag, **DM 34,–**
Heilkräfte der Natur. Von Kurt Blüchel, 96 Seiten, 85 Abbildungen, durchgehend vierfarbig, Pappband, **DM 19,80**
Falken-Handbuch Heilkräuter. Modernes Lexikon der Pflanzen und Anwendungen, (4076) Von Gerhard Leibold, 400 Seiten, 183 Farbfotos, gebunden, mit Schutzumschlag, ca. **DM 29,80***
Schönheitspflege. Kosmetische Tips für jeden Tag. (0493) Von Heide Zander, 96 Seiten, Abbildungen, kartoniert, ca. **DM 7,80***
Gesünder schlafen aber wie? (0494) Von Rolf Faller, ca. 96 Seiten, Abbildungen, kartoniert, ca. **DM 8,80***
Eigenbehandlung durch Akupressur. Heilwirkungen – Energielehre – Meridiane. (0417) Von Gerhard Leibold, 152 Seiten, 78 Abbildungen, kartoniert, **DM 9,80**
Hypnose und Autosuggestion. Methoden – Heilwirkungen – Praktische Beispiele (0483) Von Gerhard Leibold, 116 S., kartoniert, **DM 7,80**
Gesund und fit durch Gymnastik. (0366) Von Hannelore Pilss-Samek, 132 Seiten, 150 Abbildungen, kartoniert, **DM 7,80**
10 Minuten täglich Tele-Gymnastik. (5102) Von Beate Mentz und Kafi Biermann, ca. 128 Seiten, ca. 300 Abbildungen, kartoniert, ca. **DM 12,80***
Yoga gegen Haltungsschäden und Rückenschmerzen. Krokodil-Übungen für jung und alt. (0394) Von Alois Raab, 104 Seiten, 215 Abbildungen, kartoniert, **DM 5,80**
Gesundheit und Spannkraft durch Yoga. (0321) Von Dr. Lothar Frank und Ursula Ebbers, 120 Seiten, 50 Fotos, kartoniert, **DM 6,80**
Yoga für Jeden mit Kareen Zebroff. (0341) 156 Seiten, 135 Abbildungen, kartoniert mit Spiralbindung **DM 20,–**
Yoga für Liebhaber (4112) Von John Champ, 60 S., durchgehend vierfarb., mit großform. Fotos, **DM 24,80**
Schön, schlank und fit mit Kareen Zebroff. (0371) 176 Seiten, 126 Abbildungen, kartoniert, **DM 20,–**
Yoga für Mütter und Kinder. (0349) Von Kareen Zebroff, 128 Seiten, 139 Abbildungen, kartoniert, **DM 18,–**

* Neuerscheinung. Preise waren bei Druckbeginn noch nicht endgültig festgelegt.

Briefsteller

Erfolgreiche Kaufmanns-Praxis. Wirtschaftliche Grundlagen, Geld, Kreditwesen, Steuern, Betriebsführung, Recht, EDV (4046) Von Wolfgang Göhler, Herbert Gölz, Manfred Heibel, Dr. Detlev Machenheimer, mit einem Vorwort von Dr. Karl Obermayr, 544 Seiten, geb. mit Schutzumschlag, **DM 34,–**
Moderne Korrespondenz. (4014) Von H. Kirst und W. Manekeller, 570 Seiten, gebunden, **DM 39,–**
Behördenkorrespondenz. Musterbriefe – Anträge – Einsprüche. (0412) Von Elisabeth Ruge, 120 Seiten, kartoniert, **DM 6,80**

Geschäftliche Briefe des Handwerkers und Kaufmanns. (0041) Von A. Römer, 96 Seiten, kartoniert, **DM 5,80**
Privatbriefe Muster für alle Gelegenheiten (0114) Von Irmgard Wolter-Rosendorf, ca. 96 S., kartoniert, **DM 6,80**
Worte und Briefe der Anteilnahme. (0464) Von Elisabeth Ruge, 127 Seiten, mit Abbildungen, kartoniert, **DM 6,80**
Der neue Briefsteller. (0060) Von I. Wolter-Rosendorf, 112 Seiten, kartoniert, **DM 5,80**
Musterbriefe für alle Gelegenheiten. (0231) Herausgegeben von Olaf Fuhrmann, 248 Seiten, kartoniert, **DM 9,80**
Die erfolgreiche Bewerbung. (0173) Von W. Manekeller, 152 Seiten, kartoniert, **DM 8,80**
Erfolgreiche Bewerbungsbriefe und Bewerbungsformen. (0138) Von W. Manekeller, 88 Seiten, kartoniert, **DM 4,80**
Lebenslauf und Bewerbung. Beispiele für Inhalt, Form und Aufbau (0428) Von Hans Friedrich, 112 Seiten, kartoniert, **DM 5,80**
Die Redekunst, Redetechnik, Rednererfolg. (0076) Von Kurt Wolter, überarbeitet von Dr. W. Tappe, 80 Seiten, kartoniert, **DM 4,80**
Großes Buch der Reden und Ansprachen für jeden Anlaß. (4009) Herausgegeben von F. Sicker, 468 Seiten, Lexikonformat, Ganzleinen, **DM 39,–**
Festreden und Vereinsreden. (0069) Von K. Lehnhoff und E. Ruge, 88 Seiten, kartoniert, **DM 4,80**

* Neuerscheinung. Preise waren bei Druckbeginn noch nicht endgültig festgelegt.

 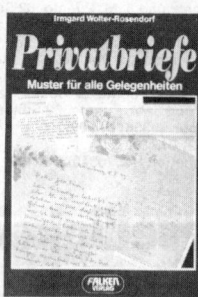 

Fortbildung und Beruf

Maschinenschreiben durch Selbstunterricht Band 1. (0170) Von A. Fonfara, 84 Seiten mit vielen Abbildungen, kartoniert, **DM 4,80**
Maschinenschreiben durch Selbstunterricht Band 2. (0252) Von Hanns Kaus, 84 Seiten, kartoniert, **DM 5,80**
Stenografie – leicht gelernt. (0266) Von Hanns Kaus, 64 Seiten, kartoniert, **DM 5,80**
Buchführung leicht gefaßt. (0127) Von R. Pohl, 104 Seiten, kartoniert, **DM 7,80**
Rechnen aufgefrischt. (0100) Von H. Rausch, 108 Seiten, kartoniert, **DM 6,80**
Aufgaben lösen und **Spiele mit dem Taschenrechner.** (5060) Von Peter Fleischhauer, Fernsehbegleitbuch, 120 Seiten, 55 Abbildungen und Zeichnungen, kartoniert, **DM 9,80**
Schülerlexikon der Mathematik. Formeln, Übungen und Begriffserklärungen für die Klassen 5–10. (0430) Von Robert Müller, 176 Seiten, 96 Zeichnungen, kartoniert, **DM 9,80**
Mathematische Formeln für Schule und Beruf. Mit Beispielen ud Erklärungen. (0499) Von Robert Müller, ca. 160 Seiten, 210 Zeichnungen, kartoniert, ca. **DM 9,80***
Aufsätze besser schreiben. Förderkurs für die Klassen 4–10. (0429) Von Kurt Schreiner, 144 Seiten, 4 Fotos und 27 Zeichnungen, kartoniert, **DM 9,80**
Diktate besser schreiben. Übungen zur Rechtschreibung für die Klassen 4 bis 8. (0469) Von Kurt Schreiner, 149 Seiten, kartoniert, **DM 9,80**
Wie behandle ich meinen Chef? (5030) Von Dr. Bernd Gasch und Ulrike Hess, 88 Seiten mit Karikaturen, kartoniert, **DM 9,80**
Einmaleins der Demokratie im sozialen Verwaltungsstaat. (0407) Von Prof. Dr. Richard Bartlsperger, 128 Seiten mit Grafiken und Abbildungen, kartoniert, **DM 9,80**

* Neuerscheinung. Preise waren bei Druckbeginn noch nicht endgültig festgelegt.

Glückwünsche

Trinksprüche, Richtsprüche, Gästebuchverse. (0224) Von D. Kellermann, 80 Seiten, kartoniert, **DM 4,80**
Neue Glückwunschfibel für Groß und Klein. (0156) Von Renée Christian-Hildebrandt, 96 Seiten, kartoniert, **DM 4,80**
Großes Buch der Glückwünsche. (0255) Herausgegeben von Olaf Fuhrmann, 240 Seiten, 64 Zeichnungen und viele Gestaltungsvorschläge, kartoniert, **DM 9,80**
Glückwunschverse für Kinder. (0277) Von B. Ulrici, 80 Seiten, kartoniert, **DM 4,80**
Verse fürs Poesiealbum. (0241) Von Irmgard Wolter, 96 Seiten, 20 Abbildungen, kartoniert, **DM 4,80**
Rosen, Tulpen, Nelken . . . **Beliebte Verse fürs Poesiealbum** (0431) Von Waltraud Pröve, 96 Seiten mit Faksimile-Abbildungen, kartoniert, **DM 5,80**
Hochzeitszeitungen. Mit vielen Text- und Gestaltungsanregungen. (0288) Von Hans-Jürgen Winkler, 104 Seiten, 15 Abbildungen, 1 Musterzeitung, kartoniert, **DM 6,80**
Glückwünsche, Toasts und Festreden zur Hochzeit. (0264) Von Irmgard Wolter, 88 Seiten, kartoniert, **DM 4,80**
Kindergedichte zur Grünen, Silbernen und Goldenen Hochzeit. (0318) Von Hans-Jürgen Winkler, 104 Seiten, 20 Abbildungen, kartoniert, **DM 5,80**

Deutsch für Ausländer

Deutsch für Ausländer im Selbstunterricht. Ausgabe für Spanier. (0253) Von Juan Manuel Puente und Ernst Richter, 136 Seiten, 62 Zeichnungen, kartoniert, **DM 9,80**
Deutsch für Ausländer im Selbstunterricht. Ausgabe für Italiener. (0254) Von Italo Nadalin und Ernst Richter, 156 Seiten, 62 Zeichnungen, kartoniert, **DM 9,80**
Deutsch für Ausländer im Selbstunterricht. Ausgabe für Jugoslawen. (0261) Von I. Hladek und Ernst Richter, 132 Seiten, 62 Zeichnungen, kartoniert, **DM 9,80**
Deutsch für Ausländer im Selbstunterricht. Ausgabe für Türken. (0262) von B. I. Rasch und Ernst Richter, 136 Seiten, 62 Zeichnungen, kartoniert, **DM 9,80**
Deutsch – Ihre neue Sprache. Grundbuch. (0327) Von H. J. Demetz und J. M. Puente, 204 Seiten mit über 200 Abbildungen, kartoniert, **DM 14,80**
Deutsch – Ihre neue Sprache. Lehrerheft. (0328) Von H. J. Demetz und J. M. Puente, 48 Seiten, kartoniert, **DM 5,80**
Glossar Italienisch. (0329) Von H. J. Demetz und J. M. Puente, 62 Seiten, kartoniert, **DM 6,80**
Glossar Spanisch. (0330) Von H. J. Demetz und J. M. Puente, 62 Seiten, kartoniert, **DM 6,80**
Glossar Serbo-kroatisch. (0331) Von H. J. Demetz und J. M. Puente, 62 Seiten, kartoniert, **DM 6,80**
Glossar Türkisch. (0332) Von H. J. Demetz und J. M. Puente, 62 Seiten, kartoniert, **DM 6,80**
Glossar Griechisch. (0333) Von H. J. Demetz und J. M. Puente, 62 Seiten, kartoniert, **DM 6,80**
Glossar Portugiesisch. (0334) Von H. J. Demetz und J. M. Puente, 62 Seiten, kartoniert, **DM 6,80**
Glossar Arabisch. (0335) Von H. J. Demetz und J. M. Puente, 62 Seiten, kartoniert, **DM 6,80**
Glossar Englisch. (0336) Von H. J. Demetz und J. M. Puente, 62 Seiten, kartoniert, **DM 6,80**
Glossar Französisch. (0337) Von H. J. Demetz und J. M. Puente, 62 Seiten, kartoniert, **DM 6,80**
Tonband 13 cm, 9,5 cm/sec., 91 Min., Doppelspur. (0338) **DM 89,–**
2 Compact-Cassetten, 90 Min., einspurig. (0339) **DM 36,–**
135 Diapositive, Texterschließung der Lerneinheiten I–X. (0340) **DM 180,–**

Geselligkeit

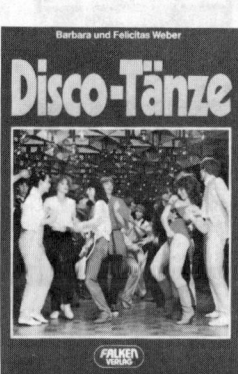

Der Gute Ton. Ein moderner Knigge (0063) Von Irmgard Wolter, 168 Seiten, 38 Zeichnungen, kartoniert, **DM 7,80**
Neue Spiele für Ihre Party. (2022) Von Gerda Blechner, mit vielen Zeichnungen von Fee Buttig, 120 Seiten, kartoniert, **DM 7,80**
Partytänze – Partyspiele. (5049) Von Wally Kaechele, 94 Seiten mit 104 Fotos, herausgegeben von der »tanz-illustrierten«, Pbd., **DM 12,80**
Wir geben eine Party. (0192) Von Elisabeth Ruge, 88 Seiten, 8 Farbtafeln, 23 Zeichnungen, kartoniert, **DM 6,80**
So feiert man Feste fröhlicher. (0098) Von Dr. Allos, 96 Seiten, 15 Abbildungen, kartoniert, **DM 5,80**
Tischkarten und Tischdekorationen. (5063) Von Gabriele Vocke, 64 Seiten, 79 Abbildungen, durchgehend vierfarbig, Pappband, **DM 9,80**
Lustige Tanzspiele und Scherztänze. (0165) Von E. Bäulke, 80 Seiten, 53 Abbildungen, kartoniert, **DM 4,80**
Wir lernen tanzen mit dem Ehepaar Fern. (0200) Von Ernst und Helga Fern, 168 Seiten, 125 Fotos und 46 Schrittdiagramme, kartoniert, **DM 8,80**
Tanzstunde. Die 11 Tänze des Welttanzprogramms (5018) Von Gerd Hädrich, 120 Seiten, 372 Fotos und Schrittskizzen, Pbd., **DM 15,–**
Tanzstunde 2. Figuren für Fortgeschrittene. (5027) Von Gerd Hädrich, 72 Seiten, 233 Abbildungen, Pappband, **DM 10,–**
Disco-Tänze (0491) Von Barbara und Felicitas Weber, 104 S., 104 Abbildungen, kartoniert, **DM 6,80**
Sing mit Fischer. (0422) Herausgegeben vom Freundeskreis der Fischer-Chöre, 176 Seiten, 16 Farbtafeln, kartoniert, **DM 9,80**
Die schönsten Volkslieder. (0432) Von Dietmar Walther, 128 Seiten, mit Notenbeispielen und Zeichnungen, kartoniert, **DM 4,80**
Die schönsten Wander- und Fahrtenlieder. (0462) Herausgegeben von Franz R. Miller, 80 Seiten, mit Noten, kartoniert, **DM 4,80**
Die schönsten Berg- und Hüttenlieder. (0514) Herausgegeben von Franz R. Miller, empfohlen vom Deutschen Sängerbund, ca. 128 Seiten, viele Zeichnungen, kartoniert, ca. **DM 4,80***

* Neuerscheinung. Preise waren bei Druckbeginn noch nicht endgültig festgelegt.

Denksport

Der große Rätselknacker. (4022) Über 100 000 Rätselfragen, zusammengestellt von H. J. Winkler, 544 Seiten, Lexikonformat, kartoniert, **DM 19,80**

Großes Rätsel-ABC. (0246) Von H. Schiefelbein, 416 Seiten, gebunden, **DM 16,80**

Rätsel lösen – ein Vergnügen. (0182) Von E. Maier, 240 Seiten, kartoniert, **DM 9,80**

Quiz. (0129) Von R. Sautter und W. Pröve, 92 Seiten, 9 Zeichnungen, kartoniert, **DM 5,80**

Denksport und Schnickschnack für Tüftler und fixe Köpfe. (0362) Von Jürgen Barto, 100 Seiten, 45 Abbildungen, kartoniert, **DM 6,80**

Knobeleien und Denksport. (2019) Von Klas Rechberger, 142 Seiten mit vielen Zeichnungen, kartoniert, **DM 7,80**

Rate mal. Scherzfragen, Ratespiele und -geschichten. (2023) Von Felicitas Buttig, 112 Seiten, 19 Zeichnungen, kartoniert, **DM 9,80**

Scherzfragen, Drudeln und Blödeleien gesammelt von Kindern. (0506) Herausgegeben von Waltraud Pröve, 112 Seiten, 57 Zeichnungen, kartoniert, ca. **DM 5,80***

* Neuerscheinung. Preise waren bei Druckbeginn noch nicht endgültig festgelegt.

Humor

Die besten Witze und Cartoons des Jahres. (0454) Herausgegeben von Karl Hartmann, 288 Seiten, 125 Zeichnungen, gebunden, mit Schutzumschlag, **DM 12,80**

Die besten Witze und Cartoons des Jahres. 2 (0488) Von Karl Hartmann, 288 S., mit zahlr. Zeichnungen, gbd. mit vierfarb. Schutzumschl., **DM 12,80**

Die besten Ärztewitze. (0399) zusammengestellt von Britta Zorn, 272 Seiten mit 42 Karikaturen von Ulrich Fleischhauer, mit vierfarbigem Schutzumschlag, gebunden, **DM 14,80**

Das große Buch der Witze. (0384) 320 Seiten, 36 Zeichnungen von E. Holz, vierfarbiger Schutzumschlag, gebunden, **DM 12,80**

Olympische Witze. Sportlerwitze in Wort und Bild. (0505) Von Wolfgang Willnat, 112 Seiten, 126 Zeichnungen, kartoniert, **DM 5,80***

Die besten Ostfriesenwitze. (0495) Herausgegeben von Onno Freese, 112 Seiten, 17 Zeichnungen, kartoniert, **DM 5,80**

Ostfriesen Allerlei. (0381) Von Timm Bruhns, 104 Seiten, Taschenbuchformat, kartoniert, **DM 4,80**

Fred Metzlers Witze mit Pfiff. (0368) 120 Seiten, Taschenbuchformat, kartoniert, **DM 5,80**

O frivol ist mir am Abend. Pikante Witze von Fred Metzler (0388) Von Fred Metzler, 128 Seiten mit Karikaturen (Taschenbuchformat) kartoniert, **DM 5,80**

Lachen, Witz und gute Laune. (0149) Von E. Müller, 104 Seiten, 44 Abbildungen, kartoniert, **DM 6,80**

Vergnügliches Vortragsbuch. (0091) Von J. Plaut, dem Altmeister des Humors, 192 Seiten, kartoniert, **DM 7,80**

Humor und Stimmung. Ein heiteres Vortragsbuch. (0460) Von Günter Wagner, 112 Seiten, kartoniert, **DM 6,80**

Witze am laufenden Band. (0461) Von Fips Asmussen, 117 Seiten, kartoniert, **DM 5,80**

Lach mit! Witze für Kinder, gesammelt von Kindern. (0468) Herausgegeben von Waltraud Pröve, 128 Seiten, mit Abbildungen, kartoniert, **DM 5,80**

Die besten Tierwitze. (0496) Herausgegeben von Peter Hartlaub und Silvia Pappe, 112 Seiten, 25 Zeichnungen, kartoniert, **DM 5,80**

Witzig, witzig. (0507) Von Erich Müller, 112 Seiten, Zeichnungen, kartoniert, **DM 5,80***

Kritik des Herzens – Gedichte. (3032) Von Wilhelm Busch, 100 Seiten, gebunden, **DM 9,80**

Wilhelm-Busch-Album. Jubiläumsausgabe mit 1700 farbigen Bildern. (3028) 408 Seiten, 1700 durchgehend farbige Bilder, Großformat, in Leinen gebunden, **DM 36,–**

Humoristischer Hausschatz. (3062) Von Wilhelm Busch, 368 Seiten, 1600 Abbildungen, Großformat, gebunden, **DM 19,80**

Robert Lembkes Witzauslese. (0325) Erzählt von Robert Lembke, 160 Seiten, mit 10 Zeichnungen von E. Köhler, gebunden, mit vierfarbigem Schutzumschlag, **DM 14,80**

Lustige Vorträge für fröhliche Feiern, Sketsche, Vorträge und Conferencen für Karneval und fröhliche Feste. (0284) Von K. Lehnhoff, 96 Seiten, kartoniert, **DM 6,80**

Tolle Sachen zum Schmunzeln und Lachen. (0163) Von E. Müller, 92 Seiten, kartoniert, **DM 6,80**

Humor für jedes Ohr. (0157) Von H. Ehnle, 96 Seiten, kartoniert, **DM 6,80**

Fidelitas und Trallala. (0120) Von Dr. Allos, 104 Seiten, viele Abbildungen, kartoniert, **DM 6,80**

Non Stop Nonsens. Sketsche und Witze mit Spielanleitungen. (0511) Von Dieter Hallervorden, 160 Seiten, gebunden, mit Schutzumschlag, **DM 14,80**

Sketsche. (0247) Von Margarete Gering, 132 Seiten, 16 Abbildungen, kartoniert, **DM 6,80**
Vergnügliche Sketche (0476) Von Horst Pillau, 96 S., mit lustigen Zeichnungen, kartoniert, **DM 6,80**
Sketche und spielbare Witze für bunte Abende und andere Feste. (0445) Von Hartmut Friedrich, 120 Seiten,
7 Zeichnungen, kartoniert, **DM 6,80**
Narren in der Bütt. (0216) Zusammengestellt von Th. Lücker, 112 Seiten, kartoniert, **DM 5,80**
Helau + Alaaf. Närrisches aus der Bütt. (0304) Von Erich Müller, 112 Seiten, kartoniert, **DM 6,80**
Helau + Alaaf 2. Neue Büttenreden (0477) Von Edmund Luft, 104 S., kartoniert, **DM 7,80**
Rings um den Karneval. Karnevalsscherze und Büttenreden. (0130) Von Dr. Allos, 136 Seiten, kartoniert, **DM 6,80**
Die große Lachparade. (0188) Von E. Müller, 108 Seiten, kartoniert, **DM 6,80**
Damen in der Bütt. Scherze, Büttenreden, Sketsche (0354) Von Traudi Müller, 136 Seiten, kartoniert, **DM 6,80**

* Neuerscheinung. Preise waren bei Druckbeginn noch nicht endgültig festgelegt.

Spielen

Kartenspiele. (2001) Von Claus D. Grupp, 144 Seiten, kartoniert, **DM 7,80**
Neues Buch der Kartenspiele. (0095) Von K. Lichtwitz, 96 Seiten, kartoniert, **DM 5,80**
Spielen mit Rudi Carrell. 113 Spiele für Party und Familie (2014) Von Rudi Carrell, 160 Seiten mit 50 Abbildungen,
gebunden, **DM 14,80**
Spieltechnik im Bridge. (2004) Von Victor Mollo/Nico Gardener, deutsche Adaption von Dirk Schröder, 216 Seiten,
kartoniert, **DM 16,80**
Spielend Bridge lernen. (2012) Von Josef Weiss, 108 Seiten, kartoniert, **DM 7,80**
Besser Bridge spielen. Reiztechnik, Spielverlauf und Gegenspiel. (2026) Von Josef Weiss, 143 Seiten, mit vielen
Diagrammen, kartoniert, **DM 14,80**
Das Skatspiel. (0206) Von K. Lehnhoff, bearbeitet von Alt-Skatmeister F. A. Höfges, 90 Seiten, kartoniert, **DM 5,80**
Alles über Skat (2005) Von Günter Kirschbach, 144 Seiten, kartoniert, **DM 7,80**
Rommé und Canasta in allen Variationen. (2025) Von Claus D. Grupp, 124 Seiten, 24 Zeichnungen, kartoniert,
DM 7,80
Patiencen in Wort und Bild. (2003) Von Irmgard Wolter, 136 Seiten, kartoniert, **DM 7,80**
Schafkopf, Doppelkopf, Binokel, Cego, Gaigel, Jaß, Tarock und andere. (2015) Von Claus D. Grupp, 152 Seiten,
kartoniert, **DM 8,80**
Backgammon für Anfänger und Könner. (2008) Von G. W. Fink und G. Fuchs, 116 Seiten, 41 Zeichnungen, kartoniert,
DM 9,80
Dame. Das Brettspiel in allen Variationen (2028) Von Claus D. Grupp, 104 S., mit Diagrammen, kartoniert, **DM 9,80**
Gesellschaftsspiele für drinnen und draußen. (2006) Von Heinz Görz, 128 Seiten, kartoniert, **DM 6,80**
Würfelspiele. (2007) Von Friedrich Pruss, 112 Seiten, kartoniert, **DM 7,80**
Mini-Spiele für unterwegs und überall. (2016) Von Irmgard Wolter, 152 Seiten, kartoniert, **DM 9,80**
Spiele für Theke und Stammtisch. (2021) Von Claus D. Grupp, 104 Seiten, 27 Zeichnungen, kartoniert, **DM 6,80**
Kartentricks. (2010) Von T. A. Rosee, 80 Seiten, 13 Zeichnungen, kartoniert, **DM 5,80**

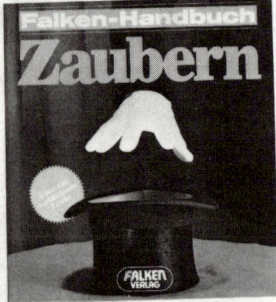

Neue Kartentricks (2027) Von Klaus Pankow, ca. 112 S., mit 20 Abbildungen, kart., **DM 6,80**
Zaubern. einfach – aber verblüffend (2018) Von Dieter Bouch, 84 Seiten mit Zeichnungen, kartoniert, **DM 5,80**
Zaubertricks. Das große Buch der Magie. (0282) Von Jochen Zmeck, 244 Seiten, 113 Abbildungen, kartoniert, **DM 14,80**
Falken-Handbuch Zaubern. Über 400 verblüffende Tricks. (4063) Von Friedrich Stutz, 368 S., über 1200 Zeichnungen, gebunden, mit vierfarbigem Schutzumschlag, **DM 29,80**
Roulette richtig gespielt. (0121) Von M. Jung, 96 Seiten, zahlreiche Tabellen, kartoniert, **DM 6,80**
Glücksspiele mit Kugeln, Würfeln und Karten. (2013) Von Claus D. Grupp, 116 Seiten, kartoniert, **DM 7,80**
Das japanische Brettspiel GO. (2020) Von Winfried Dörholt, 104 Seiten, 182 Diagramme, kartoniert, **DM 9,80**
Das Schachspiel. (0104) Von W. Wollenschläger, 72 Seiten, 65 Diagramme, kartoniert, **DM 5,80**
Neue Schacheröffnungen (0478) Von Theodor Schuster, 108 S., mit 100 Diagrammen, kartoniert, ca. **DM 8,80**
Schach für Fortgeschrittene. Taktik und Probleme des Schachspiels. (0219) Von R. Teschner, 96 Seiten, 85 Schachdiagramme, kartoniert, **DM 5,80**
Spielend Schach lernen. (2002) Von Theo Schuster, 128 Seiten, kartoniert, **DM 6,80**
Schach dem Weltmeister Karpow. (0433) Von Theodor Schuster, 136 Seiten, 19 Abbildungen und 83 Diagramme, kartoniert, **DM 12,80**
Schach. Das Handbuch für Anfänger und Könner (4051). Von Theo Schuster, 360 Seiten mit über 340 Diagrammen, gbd., mit Schutzumschlag, **DM 26,–**
Alles über Pokern. Regeln und Tricks. (2024) Von Claus D. Grupp, 120 Seiten, 29 Kartenbilder, kartoniert, **DM 6,80**
Wir spielen. Hunderte Spiele für einen und viele (4034) Von Heinz Görz, 430 Seiten mit 370 farbigen Zeichnungen, gbd., **DM 26,–**

* Neuerscheinung. Preise waren bei Druckbeginn noch nicht endgültig festgelegt.

Kinderbeschäftigung

Zeitgemäße Beschäftigung mit Kindern. (4025) Von Ingeborg Rathmann, 496 Seiten, 450 Abbildungen, 16 Farbtafeln, **DM 36,–**
Kinderfeste daheim und in Gruppen. (4033) Von Gerda Blecher, 240 Seiten, 320 Abbildungen, Balacroneinband, gbd., **DM 24,80**
Das bunte Rätselbuch für Kinder. (4065) Von Felicitas Buttig, 120 S., durchgehend vierfarb., mit über 100 Zeichnungen, Pbd., **DM 19,80**
Das farbige Kinderlexikon von A–Z. (4059) Herausgegeben von Felicitas Buttig, 392 Seiten, 386 farbige Abbildungen, Pappband, **DM 29,80**
Spiele für Kleinkinder. (2011) Von Dieter Kellermann, 80 Seiten, kartoniert, **DM 5,80**
Kinderspiele, die Spaß machen. (2009) Von Helen Müller-Stein, 112 Seiten, 28 Abbildungen, kartoniert, **DM 6,80**
Kindergeburtstag. Einladung – Vorbereitung – Ablauf. Mit vielen Spiel- und Beschäftigungsvorschlägen. (0287) Von Dr. Ilse Obrig, 104 Seiten, 40 Abbildungen, 11 Zeichnungen, 9 Lieder mit Noten, kartoniert, **DM 5,80**
Tipps und Tapps. Maschinenschreib-Fibel für Kinder. (0274) Von H. Kaus, 48 Seiten, farbige Abbildungen, kartoniert, **DM 4,80**
Lirum, Larum, Löffelstiel. Ein Kinder-Kochkurs. (5007) Von Ingeborg Becker, 64 Seiten mit Abbildungen, durchgehend vierfarbig, Spiralheftung, **DM 9,80**
Kinder lernen spielend kochen. (5096) Von Margrit Gutta, 64 Seiten, ca. 40 Farbfotos, Pappband, **DM 9,80***
Zeichnen lernen mit OSKAR. Kleines Tier-ABC von Affe–Zebra. (5054) Von OSKAR, 64 Seiten, 60 Abbildungen, durchgehend zweifarbig, kartoniert, **DM 5,80**

* Neuerscheinung. Preise waren bei Druckbeginn noch nicht endgültig fe

Rat & Wissen für die ganze Familie

Wie soll es heißen? (0211) Von Dr. Köhr, 88 Seiten, kartoniert, **DM 5,80**
Vorbereitung auf die Geburt. Schwangerschaftsgymnastik, Atmung, Rückbildungsgymnastik. (0251) Von Sabine Buchholz, 112 Seiten, 98 Fotos, kartoniert, **DM 6,80**
Wenn Sie ein Kind bekommen. (4003) Von Ursula Klamroth, 240 Seiten, 86 Fotos und 30 Zeichnungen, gebunden, mit vierfarbigem Schutzumschlag, **DM 19,80**
Sexualberatung. (0402) Von Dr. Marianne Röhl, 168 Seiten, 8 Farbtafeln und 17 Zeichnungen, Pappband, **DM 19,80**
Scheidung und Unterhalt nach dem neuen Eherecht. (0403) Von Rechtsanwalt H. T. Drewes, 104 Seiten mit Kosten- und Unterhaltstabellen, kartoniert, **DM 7,80**
Erbrecht und Testament. Mit Erbschaftssteuergesetz 1974. (0046) Von Dr. jur. H. Wandrey, 112 Seiten, kartoniert, **DM 6,80**

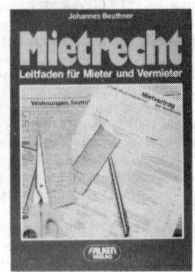
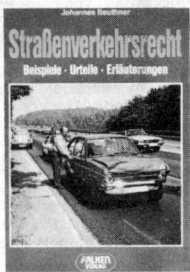

Der Rechtsberater im Haus. (4048) Von Karl-Heinz Hofmeister, 528 Seiten, gebunden, mit farbigem Schutzumschlag, **DM 39,–**

Mietrecht. Leitfaden für den Mieter und Vermieter (0479) Von Johannes Beuthner, 196 S., kartoniert, **DM 12,80 DM**

Haus oder Eigentumswohnung. Planung · Finanzierung · Bauablauf. (4070) Von Rainer Wolff, ca. 352 Seiten, viele Abbildungen und Skizzen, gebunden, mit Schutzumschlag, ca. **DM 29,80***

Straßenverkehrsrecht. Beispiele · Urteile · Erläuterungen. (0498) Von Johannes Beuthner, ca. 192 Seiten, kartoniert, ca. **DM 12,80***

Advent und Weihnachten. Basteln – Backen – Schmücken – Feiern (4067) Von Margrit Gutta, Hanne Hangleiter, Felicitas Buttig, Ingeborg Rathmann, Gabriele Vocke, 152 S., 15 Farbtafeln, zahlreiche Abb. und Zeichnungen, kart., **DM 9,80**

Mitmenschen-Kompass. Der richtige Weg, sich und andere zu verstehen. (4078) Von Heidelore Kluge, ca. 176 Seiten, gebunden, mit Schutzumschlag, ca. **DM 16,80***

Umgangsformen heute. Die Empfehlungen des Fachausschusses für Umgangsformen. (4015) 312 Seiten, 167 Fotos und 44 Abbildungen, gebunden mit vierfarbigem Schutzumschlag, **DM 24,–**

Von der Verlobung zur Goldenen Hochzeit. Vorbereitung · Festgestaltung Glückwünsche (0393) Von Elisabeth Ruge, 120 Seiten, kartoniert, **DM 6,80**

So deutet man Träume. Die Bildersprache des Unbewußten. (0444) Von Georg Haddenbach, 160 Seiten, Pappband, **DM 9,80**

Die neue Lebenshilfe Biorhythmik. Höhen und Tiefen der persönlichen Lebenskurven vorausberechnen und danach handeln. (0458) Von Walter A. Appel, 157 Seiten, 63 Zeichnungen, Pappband, **DM 9,80**

Selbst Wahrsagen mit Karten. Die Zukunft in Liebe, Beruf und Finanzen. (0404) Von Rhea Koch, 112 Seiten mit vielen Abbildungen, Pappband, **DM 9,80**

Wahrsagen mit Tarot-Karten (0482) Von Edwin J. Nigg, ca. 112 S., mit Farbtafeln und Karten, Pappband, **DM 12,80**

Die 12 Sternzeichen. Charakter, Liebe und Schicksal (0385) Von Georg Haddenbach, 160 Seiten, Pbd., **DM 9,80**

Die 12 Tierzeichen im chinesischen Horoskop. (0423) Von Georg Haddenbach, 112 Seiten, kartoniert, **DM 9,80**

Das Super-Horoskop. Der neue Weg zur Deutung von Charakter, Liebe und Schicksal nach chinesischer und abendländischer Astrologie. Ein Leitfaden für alle, die mehr über sich und ihre Mitmenschen wissen wollen. (0465) Von Georg Haddenbach, 175 Seiten, kartoniert, **DM 9,80**

Astrologie. Charakterkunde – Schicksal, Liebe und Beruf – Berechnung und Deutung von Horoskopen – Aszendenttabelle. Von B. A. Mertz, mit einem Geleitwort von Hildegard Knef, (4068), 342 S., mit erläuternden Grafiken, gbd., mit vierfarb. Schutzumschl., **DM 28,–**

* Neuerscheinung. Preise waren bei Druckbeginn noch nicht endgültig festgelegt.

Falls durch besondere Umstände Preisänderungen notwendig werden, erfolgt Auftragserledigung zu dem bei der Lieferung gültigen Preis.